Unmada Manfred Kindel

WUNDERWASSER

Lieder, Tänze, Spiele und Geschichten
aus dem Kinderwald

Mit einem Vorwort von Fredrik Vahle
Illustrationen: Jule Ehlers-Juhle

Ökotopia Verlag Münster

Impressum

Autor: Unmada Manfred Kindel

Illustratorin: Jule Ehlers-Juhle

Satz: Studio Bandur, Idstein-Wörsdorf

ISBN: 3-931902-65-X

© 2001 by Ökotopia Verlag, Münster

1 2 3 4 5 6 7 • 07 06 05 04 03 02 01

Alle Lieder dieses Buches gibt es auf der CD:
Wunderwasser
Starke Lieder und Tänze aus dem Kinderwald
ISBN: 3-931902-66-8

Inhalt

Vorworte 4

Lieder sind für uns das reinste WUNDERWASSER . 5
Über das Singen 5
Singen kann doch jeder 7
Dagoberts Freudentanz 9

WALDLIEDER 11
Die Geschichte von den Menschen
   und den Waldgeistern 12
Das gehört zu einem Waldkind 14
Kinderwaldlied 15
Was ist der Kinderwald? 16
Der Zwergenfluch 20
Schwarze Fingernägel 21
Stockbrot und Chapatis 23
Waldwerkstätten und Aktionen 24
Der Wald macht Musik 29
Waldinstrumente bauen 30
Über das Kanon-Singen 32
Flieg wie ein Schmetterling 34
Der Waldschrat 36

LIEDER VON NATURVÖLKERN . 37
Mitwelt statt Umwelt 37
Feia cetong 38
Indianer im Kinderwald 40
He yanga 42
Wenn der Schnee taut 45
Ein Schöpfungsmythos
   aus Australien 46
Ungala wé 47

RITUAL- UND GEMEINSCHAFTSLIEDER . . . 48
Warum sind Rituale wichtig? 48
Geburtstagslied 51
Jahreszeitenfeste 52
Wir tragen ein Licht 54
Eine Lobby für Kinder 55
Nicht kürzen bei den Kurzen 56
Samba für Kinder 57
Kinderbeteiligung 59
Es ist Zeit 61
Kinderzeit und Waldzeit 63
Minutenlied 64
Mit dem Großvater im Weltraum . . . 66
Ballade vom kleinen Stern 67
Rück doch mal näher 69
Feuer im Wald? 70
Immer rundherum 71
Unser Kreis, der sei offen 73

Literaturempfehlungen 74

Quellenangaben und Danksagung 75

Der Autor – Die Illustratorin . . 76

Vorworte

Inzwischen haben selbst die Anatomos herausbekommen, dass all unsere leiblichen Organe, die es uns ermöglichen zu hören, zu sprechen und zu singen, so eine Art Herzmuskulatur haben. Herztöne im Kinderlied, die lassen sich bei Unmada sogar in den lauten Liedern spüren, in denen Unmada als Käptn Zoff auf die Bühne kommt und in den leisen sowieso. Und Unmada guckt kräftig über den musikalischen und geografischen Tellerrand hinaus. Die ganze Welt ist in seinen Liedern zu Gast. Sogar aus Peru, Nordamerika und aus Australien hat Unmada musikalische Geschenke mitgebracht. Die ganze Welt ist bei Unmada und in seinen Liedern ganz selbstverständlich da, ohne dass er seine Heimat und Herkunft, seine eigene Art von Bodenständigkeit aus den Augen, Ohren und aus dem Herzen verliert.

Dass Kinder diese Lieder gerne singen und zu ihren eigenen Liedern machen, liegt auf der Hand. Es sind Lieder, bei denen man mitschwingen, mitsummen, mitdenken und sich mitreißen lassen kann, so dass das Mitsingen von Herzen Spaß macht. „Kinderwaldlied", „Immer rundherum" und „Schwarze Fingernägel" – es geht drunter und drüber und quer durch den musikalischen Gemüsegarten, raus auf die Wiese und in den Wald. Dass sich das nicht mehr als Idylle besingen lässt, weiß Unmada sowieso. Die Gefahren, die der Erde drohen, sind auch in Kinderliedern nicht von der Hand zu weisen. Aber sie bleiben in Unmadas Liedern nicht bloße Anklage. Sie verbinden sich mit den heilenden Kräften für diese Erde und zwar so, dass auch schon kleinere Kinder Einsicht in diese Zusammenhänge bekommen können. In diesem Sinne wünsche ich den Liedern von Unmada, dass sie die Herzen, Ohren, Hände und Füße von möglichst vielen kleinen und großen Menschen erreichen.

Fredrik Vahle

„Kinder sollten nicht so viel fernsehen und vor dem Computer sitzen, sondern lieber in der Natur spielen." So hört man es oft. Doch die Lebenswirklichkeit von Kindern in Großstädten sieht anders aus. Der Graben, aus dem Kinder früher Stichlinge und Kaulquappen fischten, um sie in mitgebrachten Marmeladengläsern zu bewundern, fließt längst unterirdisch in geruchssicheren Betonröhren.

Der Kinderwald am Stadtrand von Hannover ist ein Ort, in dem Kinder Natur erleben können. Hier zeigt es sich: Kinder sind gern draußen. Sie lieben es nach wie vor im Freien zu toben, Wasser zu stauen, im Sand und in der Erde zu wühlen. Sie haben großes Interesse für alles, was kreucht und fleucht und sie haben ein inneres Gespür dafür, dass wir Natur brauchen. Und Kinder singen gern, beim Spazieren und Spielen im Wald oder beim Auftritt auf der Bühne.

Die Lieder mit ihren Spiel- und Tanzideen wecken bei Kindern Lust auf Wald und Natur und sie fördern aufgrund der leichten Erlernbarkeit Fähigkeiten wie Kanonsingen und rhythmische Klangimprovisation. Die vorgestellten Gemeinschaftstänze und Spielideen berücksichtigen und fördern die Bewegungsfreude der Kinder. Aber auch Erwachsene haben ihren Spaß daran.

Ich danke meinem Freund und Kollegen Fredrik Vahle für die guten Wünsche und meinen Mitstreitern im Projekt Kinderwald für die Unterstützung und Zusammenarbeit.

Unmada Manfred Kindel

Lieder sind für uns das reinste WUNDERWASSER

Über das Singen

Singen stärkt nicht nur die Lunge, es stärkt die Seele. Deshalb singen wir, wenn es uns gut geht, aber auch dann, wenn wir Angst haben. Wir haben Lieder für das Traurigsein und Lieder für die Momente, in denen uns das Herz übergeht. Wir singen gern mit anderen und festigen so die Gemeinschaft. Wir singen, wenn uns die Worte fehlen. Wir singen, um uns die Zeit zu vertreiben. Wir singen in Kirchen und Tempeln, im Wald und in der Badewanne. Alle Menschen singen. Es ist ein menschliches Grundbedürfnis wie Essen, Trinken, sich Bewegen und Kommunizieren.

Doch wir singen immer weniger. Überall schallt uns Musik entgegen. Sie bringt uns auf Trab im Büro. Sie lullt uns ein im Supermarkt. Wir lassen singen. Wir summen mit, wippen mit dem Fuß, pfeifen die Melodie. Doch nur selber singen, macht froh. Singen macht etwas mit uns. Es hat Auswirkungen auf unseren Körper, besonders auf die Atmung und auch auf die Körperhaltung. Es beeinflusst unseren Energiekörper. Gesang kann so Wohlgefühl, Trauer und Freude vermitteln, uns aber auch in Trance oder Ekstase versetzen. Er beeinflusst unsere Gefühle und wir drücken unsere Gefühle singend aus.

Singen im Wald

Warum singen wir so gern in der Natur und vor allem im Wald?

Ein Grund ist der Versuch aktiv zu sein, um Bedrohungsgefühle abzuwehren. Ja nicht allzu viel lauschen, vor allem beim Einsetzen der Dunkelheit. Das sprichwörtliche „Pfeifen im Walde" vertreibt die Angst. Die Furcht vor den Gefahren der Natur, vor wilden Tieren, Räubern oder Kobolden sitzt auch auf den Genen der Hochhausmenschen. Der Wald ist unüberschaubar. Wir sind abseits von menschlicher Zivilisation. Hier gelten andere Gesetze. Unbewusst kreieren wir mit unserer Stimme Klangräume, in denen wir uns sicherer fühlen. Wir signalisieren anderen, da kommt ein singender Mensch und verhindern damit, dass er sich durch uns bedroht fühlen könnte.

Wandern und Singen sind nicht nur des Müllers Lust. Ein Lied auf den Lippen verkürzt jeden noch so weiten Wanderweg. So lenken wir uns ab von der Anstrengung und rhythmisieren mit unserem „Spaziergesang" Zeit und Raum. Der gleichförmige Schritt, das Marschieren, geht einher mit einer intensiven Atmung, die durch das Singen noch angeregt wird. Die Schönheit der Umgebung und die leichte Trance lassen uns der Knechtschaft des plappernden Verstandes entfliehen und unser Herz öffnet sich. „Geh' aus mein Herz und suche Freud'..." fällt mir dazu ein.

So entdecken wir durch das Singen in der Natur unsere Liebe zur Natur. Das Erlauschen und Entdecken des vielfältigen Lebens im Wald kann bei uns eine Erfahrung von Geborgenheit und Dazugehörigkeit wecken. Mit unserem Gesang reihen wir uns in die natürlichen Äußerungen des Lebens ein. Wir werden Teil von ihm.

Singen kann doch jeder?

„Lüge! Alles Lüge!" Robby, unser Tontechniker, sprang im Quadrat. *Singen kann doch jeder!* Das war der Satz, der ihn zum Ausflippen brachte. Zwar spielte er uns das Rumpelstilzchen nur vor, aber etwas in seiner Erregung war echt. Zu oft waren seine durchtrainierten Ohren von Gesangskünstlern beleidigt worden, die allesamt davon überzeugt waren, gut singen zu können. Und jetzt diese Kinderchöre. Keine Domspatzen und keine Sängerknaben, eher die Kinder von nebenan. Im Laufe der vielen Wochen, die wir zusammen arbeiteten, wurden wir Freunde. Ich hatte Respekt vor seiner manchmal kompromisslosen Art, das Beste zu fordern. Und ich glaube, er hat verstanden, warum ich auf diesem Satz: „Singen kann doch jeder!" bestehe. Singen ist für mich nicht eine Leistung, sondern eine Lebensäußerung. Ästhetische Kriterien sind zweitrangig. Zuerst geht es darum, sich mit der Stimme auszudrücken, dabei Spaß zu haben und so zu wachsen. Die Schönheit folgt der Authentizität auf dem Fuße und nur wer Fehler macht und die Angst, zu versagen, überwindet, lernt und reift – hin zu mehr und mehr Schönheit. Das bewiesen uns diese Kinder von nebenan. Der Kinderwaldchor mit seinen 6 bis 9-Jährigen war nicht bei allen Titeln vertreten, aber sehr schöne Solostimmen ergänzten den Chor der Erdenkinder, die zwischen 9 und 12 Jahre alt sind. Sie stellten sich den Mikrofonen und Robbys kritischen Ohren. Wir alle sind zufrieden mit dem Ergebnis. Lasst euch nicht erzählen, ihr könnt nicht singen. Zu viele sind wegen solch unbedachter Äußerungen verstummt. Habt den Mut, drauflos zu singen und stellt euch euren Fehlern. Gebt niemals auf, macht weiter. Singt und lernt dazu. So verstanden hat auch Robby nichts gegen die Aussage: *Singen kann doch jeder!*

Gute Lieder

Doch nicht nur dass man singt, sondern auch was man singt, ist von Bedeutung. Gute Lieder und Inhalte sind wichtig. „Unser Kreis, der sei offen" – Lieder können Toleranz fördern, verbinden statt spalten. Wenn sich ihr Inhalt lebendig vermittelt, wenn die Lieder gelebte Erfahrung sind, wenn gelebte Erfahrung zum Lied wird, dann bewahrheitet sich der Satz: Lieder sind für uns das reinste Wunderwasser.

Singen kann doch jeder

Nr. 2
T. & M.: U. M. Kindel

*Einer meiner Lieblingsfilme ist **Sister Act**. Eine lebenslustige Blues-Sängerin aus zwielichtigem Milieu wird Zeugin eines Verbrechens und flüchtet vor der Mafia in ein Kloster, das in einem Slum in L.A. Sozialarbeit leistet. Die neue „Schwester" mischt alles auf und formt aus langweiligen Nonnen einen swingenden Gospelchor. So erreicht sie auch die Herzen der Kinder und Jugendlichen des Viertels.*

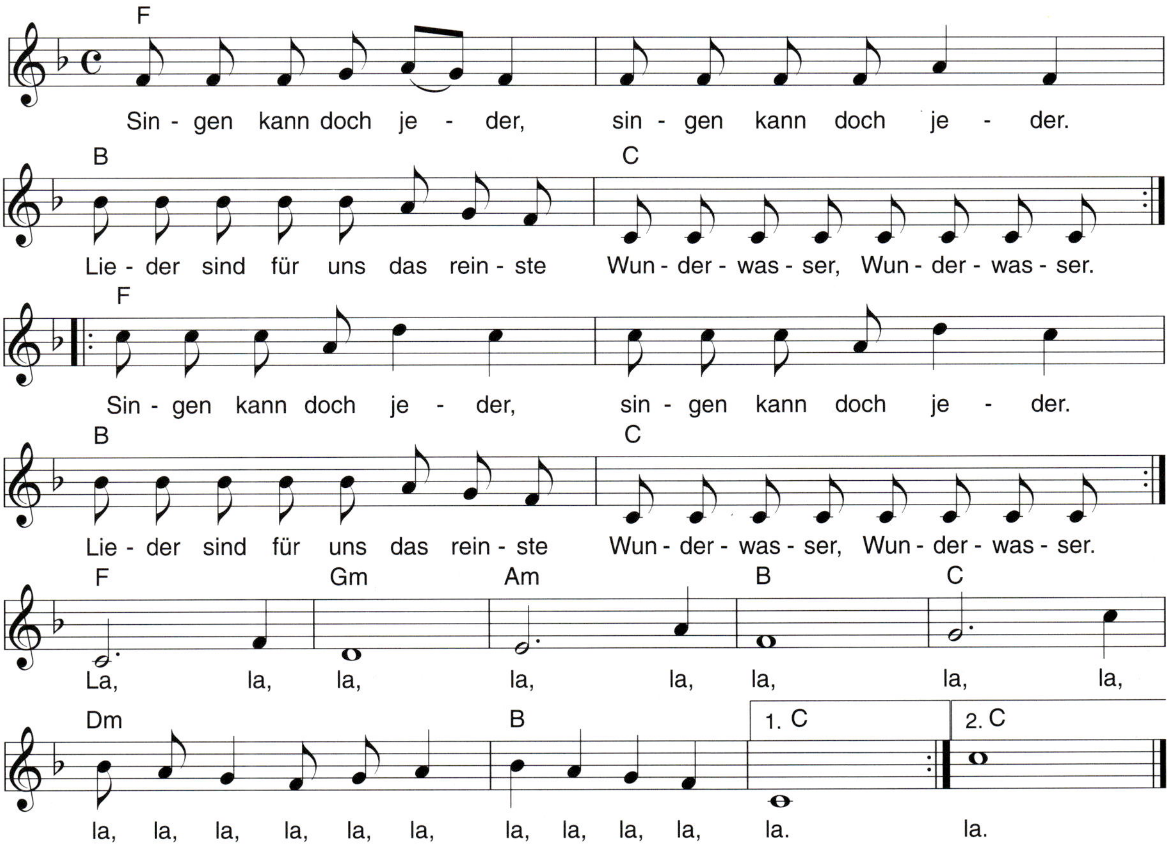
F
Sin - gen kann doch je - der, sin - gen kann doch je - der.
B C
Lie - der sind für uns das rein - ste Wun - der - was - ser, Wun - der - was - ser.
F
Sin - gen kann doch je - der, sin - gen kann doch je - der.
B C
Lie - der sind für uns das rein - ste Wun - der - was - ser, Wun - der - was - ser.
F Gm Am B C
La, la, la, la, la, la, la, la,
Dm B 1. C 2. C
la, la, la, la, la, la, la, la, la, la, la. la.

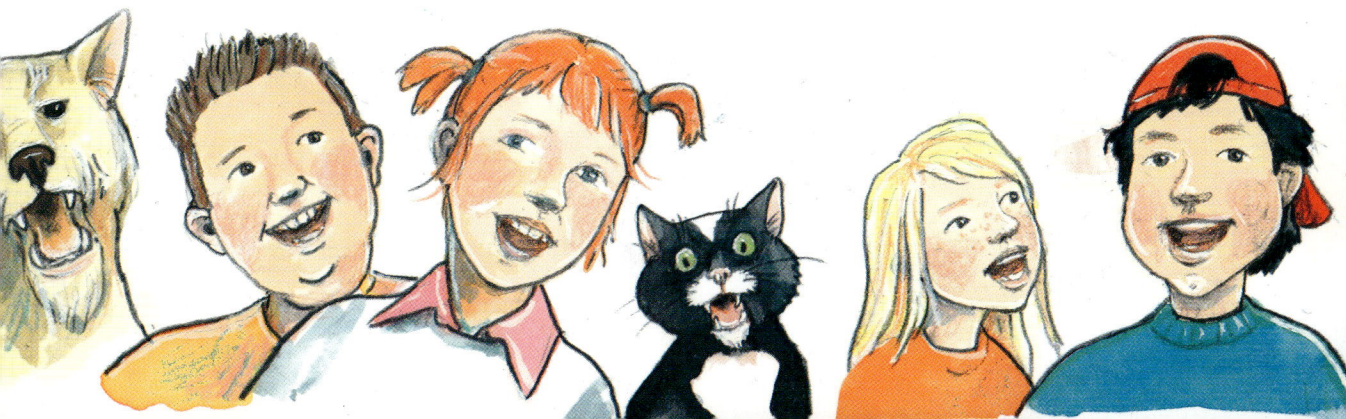

Sing- und Tanzanleitung:

Das Lied braucht einen Vorsänger oder eine Vorsängerin und einen tanzenden Gospelchor. Wir stellen uns also auf als Chor. Die Kleinen nach vorn, die Großen nach hinten.

Wir grooven uns ein in Vierteln:

1	**2**	**3**	**4**
Schritt (links) –	Klatschen (li.) –	Schritt (rechts) –	Klatschen (re.) usw.

Wir bleiben beim Ausfallschritt aufrecht und zentriert und klatschen jeweils einmal in Höhe der linken und dann der rechten Schulter in die Hand. So bewegt sich der ganze Chor im ersten Teil des Liedes zum Rhythmus der Musik synchron hin und her.

Wie beim Gospel ist der Gesang im ersten Teil immer etwas vorgezogen, dadurch entsteht der Groove. Das „Singen kann doch jeder!" vom Vorsänger wird vom Chor beantwortet. Ebenso „Wunderwasser".

Bei „la, la, la ..." bleiben wir augenblicklich fest stehen und nehmen die ganze Bewegungsenergie in die Hände. Die Finger zappeln am Ende der nach unten gestreckten Arme, die mit dem Melodieverlauf langsam aufsteigen, fallen und wieder aufsteigen, bis sie schließlich am Ende des zweiten Parts viermal rhythmisch mit gespreizten Fingern in die Luft geworfen werden. Die Handflächen sollten dabei nach vorn zeigen. Wir sagen im Kinderwaldchor dazu: Sterne zeigen.

Dann wechseln wir wieder mit der Musik in den Grundschritt. Achtung: erst schreiten, dann klatschen!

Am Ende sind alle Arme nach oben gestreckt und winken dem Publikum zu.

Dagoberts Freudentanz

Singen macht mehr Spaß, wenn wir unsere Stimmen zuvor ein wenig ölen. Die folgende Stimmübung ist sowohl für Kinder als auch für Erwachsene geeignet. Die Vokale werden „getönt". Das bedeutet, dass sie mit voller Stimme gesungen werden und unterstützt vom ganzen Körper Klang entfalten.

Alle Kinder laufen durch den Raum. Die Spielleitung erzählt eine Geschichte, die von allen mit entsprechenden Lauten kommentiert wird.

Dagobert Duck, die reichste Ente der Welt, hat im Lotto gewonnen: Hunderttausend Millionen! Als er den Brief von der Lottogesellschaft öffnet, kommt selbst er nicht aus dem Staunen heraus.

Alle skandieren mehrfach aus dem Bauch heraus: „Booooah! Booooah!"

Doch Dagobert traut dem Braten nicht. Was wäre, wenn alles nur ein Irrtum ist und er die Summe von Hunderttausend Millionen zurückgeben muss. Ein trauerndes, langandauerndes „Huuuuuuh!" überfällt ihn.

Alle im Raum: „Huuuuuuh!"

Da zwickt sich Dagobert in den Entenbürzel und liest noch einmal diesen Brief. Alles hat seine Richtigkeit. Da steht es Schwarz auf Weiß. Er bekommt einen Lottogewinn und die Freude ist groß:

„Ooooooooooh! Ooooooooooh!"

Dagobert stellt sich vor, was er sich davon alles kaufen könnte. (Was er ja eh nicht täte, weil er ja viel zu geizig ist.) Aber er kommt aus dem Schwärmen nicht heraus:

„Aaaaaaaaah! Aaaaaaaaah!"

Doch da fallen ihm die Panzerknacker ein. In Gedanken sieht er sie schon an seinem Tresor sägen und er ruft ihnen zu:

„Eeeeeeeeeeeeeey! Eeeeeeeeeeeeey!"

Da klingelt es an der Tür. Dagobert glaubt zu wissen, wer das ist. Es ist bestimmt Donald, sein Neffe, der immer riecht, wenn etwas abzustauben ist. Ekel überfällt Dagobert:

„Iiiiiiiiiih! Iiiiiiiiiih!"

Doch als er durchs Guckloch seiner Haustür schaut, stehen da Tick, Trick und Track, seine kleinen Großneffen mit einer großen Torte in der Hand.

„Mmmmmmmmh! Mmmmmmmmh!"

Er lässt die Kinder herein und erzählt ihnen von seinem Glück. Gemeinsam tanzen sie um die Torte wie die Indianer Dagoberts Freudentanz. Der stampft in Vierteln und ruft dabei im Rhythmus:

„Hun- dert- tau-send- Mil-li- o-nen! – Hun-dert-tau-send-Mil-li-o-nen!"

Die kleinen Neffen öffnen ihr Portemonnaie und vergleichen noch während des Tanzes:

„Eine Mark und achtzig, süß und saftig, eine Mark und zehn und du kannst geh'n."

Dagobert ist so außer sich, dass er die Kinder einlädt, mit ihm in den Urlaub zu fahren. Die Freude ist groß. Alle hüpfen mit erhobenen Händen und rufen:

„Yaah! Huh! Huh! Huh! Yaah! Huh! Huh! Huh!"

Gemeinsam setzen sie sich um die Torte und verspeisen sie:

„Oooooh! Mmmmmmmmh!"

WALDLIEDER

Die Geschichte von den Menschen und den Waldgeistern

Es war einmal ein großer Wald. In dem lebten Bäume, Blumen, Tiere und Menschen. In den Bäumen wohnten die Baumgeister, in den Blumen die Elfen und unter den dicken Wurzeln hatten die Zwerge ihr Reich. Es gab noch viele andere Waldgeister. Vielleicht habt ihr von ihnen in einem anderen Märchen schon gehört.

Wenige Menschen, vor allem Kinder, konnten die Waldgeister manchmal sehen und zuweilen sogar mit ihnen reden. Aber auch, wenn sie sie nicht sehen konnten, hatten die Menschen doch Respekt vor ihnen. Damals beobachteten sie den Flug der Vögel und den Tanz der Ameisen und konnten am Fell der Bären erkennen, ob es ein kalter oder warmer Winter wird. „Dicke Bären, kalte Winter", sagten sie und schlugen mehr Holz für die kommenden Wochen. Bevor sie aber die Bäume fällten, gedachten sie der Baumgeister. So hatte alles seine Ordnung.

Die Menschen warteten auf Zeichen, die ihnen halfen, sich in der natürlichen Ordnung zurechtzufinden. So waren ihre Träume wie Zeichen aus einer anderen Welt, die sie als Weisung deuteten. Sie webten zarte geschmückte Gespinste, die sie Traumfänger nannten und fingen so die flüchtigen Träume ein.

Aber die Zeiten änderten sich. Die Menschen waren erfinderisch und geschickt und begeisterten sich immer mehr für das, was sie imstande waren, zu tun. Und bald nutzten sie immer mehr und in immer schnellerem Tempo alles, aber auch alles, was sie in, auf und unter der Erde finden konnten. Sie waren so mit sich selbst beschäftigt, dass sie alles um sich herum vergaßen.

Die Waldgeister zogen sich entsetzt in die letzten Winkel der Wälder zurück. Aber die Wälder schrumpften von Tag zu Tag. Irgendwann platzte den Waldgeistern der Kragen und sie sagten: „Es wird doch wohl noch Menschen geben, in denen die Erinnerung noch wach ist und die das Unglück spüren, das das Vergessen hinterlassen hat." Und da fielen den Waldgeistern die Kinder ein, mit denen sie immer so nah und so selbstverständlich sein konnten.

„Wo sind sie, die Kinder, die Waldkinder?", fragten sie und machten sich auf die Suche.

Diese Geschichte – mit Musik untermalt und vorgetragen vom Zwergriesen Waldmeister und seinem Freund, dem Riesenzwerg Sasa Blumenstiel – leitete als allmorgendliches Ritual eine Woche lang die Aktion *Waldkinder* ein, eine der ersten Aktivitäten des Projekts Kinderwald. Ihr folgte der Einzug der (erwachsenen) Waldgeister mit dem Waldengel, der Schlangenfee, der Blumenelfe und dem Troll, die die Kinder zu Waldkindern verwandelten. Seit dieser Aktion sind einige Jahre vergangen, jetzt tummeln sich das ganze Jahr über viele Waldkinder auf dem Kinderwaldgelände und im angrenzenden Mecklenheider Forst in Hannover. So auch Martin.

Martin ist 6 Jahre alt und behauptet:

„Nicht nur ich kenne das Kinderwaldgelände. Die Bäume da kennen auch mich. Ich habe viele Geschichten erzählt, die sie ja gehört haben. Also kennt der Kinderwald mich auch."

Eine seiner schönsten Baumgeschichten erzählt uns Martin, bevor wir erfahren, was ein Waldkind alles braucht:

Es war einmal ein Baum, der hatte ganz viele Freunde. Er sagte zu einem seiner Freunde: „Hallo." Dann sagte der Freund: „Hallo." Dann gingen sie spazieren. Da trafen sie eine Maus. Die sagte: „Hey, ich kenne eine riesengroße Wasserstelle." Die beiden Freunde sagten. „OK, da gehen wir hin." Da haben sie getrunken, was sie konnten. Da haben sie so viel getrunken, dass die Wasserstelle gleich alle war. Da haben sie gleichzeitig gerülpst. Ganz laut. Dann haben sie gesagt: „Oh, ich fange an zu fliegen." Sie flogen hin und her. Sie landeten auf dem Kopf. Da kam ein Junge und pflanzte sie wieder schön ein. Da haben sie sich gefreut.

Das gehört zu einem Waldkind

Die Schärpe
Die Schärpe ist ein breiter Stoffgürtel. Sie wird in der Dunkelheit abgenommen und mit den Schärpen der anderen Waldkinder verknotet. Dann haben wir ein langes Seil, an dem wir uns festhalten können und wir verlieren uns nicht. Sie ist auch praktisch, wenn mal einer abstürzen sollte, und wir ihn raufziehen müssen.

Der Blitzableiter
An unserem grünen Stirnband hängt eine Haarnadel, an der Blätter, Federn, Perlen, Gräser oder andere Naturmaterialien befestigt sind. Das sieht nicht nur schön aus, sondern ist auch sehr hilfreich bei Gewitter.

Der Waldname
Jedes Kind denkt sich einen Waldnamen aus. Die Kinder heißen Schnecke, Eichhörnchen, Tanne, Biber, Spitzmaus, Morgentau oder Wilde Wurzel. Darüber freuen sich die Tiere und Pflanzen des Waldes und wir gewinnen neue Freunde.

Die Waldkette
Jedes Kind hat sich eine Kette selbst gebaut aus einem Bindfaden und einer Holzscheibe. Die wurde von einem dicken Birkenzweig ungefähr fingerdick abgesägt und mit einem Handbohrer durchbohrt. Die Scheibe wird angemalt und der Bindfaden wird durch das Loch gezogen. Mit Perlen und Federn wird unsere Waldkette verschönert.

Die Salbei-Räucherung
Damit wir nicht so nach Mensch riechen, werden wir am Eingangsschild zum Kinderwald mit Salbei geräuchert. Die Waldgeister verschwinden dann nicht so schnell und die Chance ist größer, mal einen Zwerg zu treffen.

Das Kinderwaldlied
Alle Waldkinder kennen das Kinderwaldlied. Wer sich mal verlaufen hat, singt es einfach laut und schon wird man von den anderen Waldkindern gefunden oder aber die Waldgeister bringen einen zurück zur Gruppe.

Kinderwaldlied

⊙ Nr. 5
T. & M.: trad. Kanada
dt. Text: U. M. Kindel

Dieses Lied ist ein Evergreen nicht nur bei den Pfadfindern. Die swingende Volksweise aus Kanada hat die ganze Welt erobert und es gibt viele Textfassungen, die allesamt die Schönheit der Natur besingen.

2. Ich mag die Käfer,
   ich mag den Schmetterling,
   ich mag die Stöcker,
   die ich nach Hause bring.

3. Ich mag Kastanien,
   ich mag das weiche Moos,
   ich mag die Eicheln,
   ich liebe Beerenmus.

4. Ich mag das Wasser,
   ich mag das Labyrinth,
   die Buschwindröschen,
   die hier zu Hause sind.

Originaltext aus Kanada:
I like the flowers,
I like the daffodils,
I like the mountains,
I like the rolling hills.
I like the fireside,
when the light is low.
Dumdidadi, dumdidadi ...

Spielanleitung:
So singen die verschiedenen Waldgeister die erste Strophe des Kinderwaldlieds:

Trolle: tief und ruppig, mit Aufstampfen, am Ende: bomdi, bomdi ...
Blumenelfen: ganz hoch und mit den Händen flatternd
Waldengel: Mmmh (summend)
Schlangenfeen: geheimnisvoll flüsternd, am Ende: kssss, kssss ...
Zwerge: Nase zuhalten beim Singen
Riesen: ganz laut und kräftig! Am Schluss singen alle Waldgeister zusammen mit Klatschen.

DOKUMENTATION
Was ist der Kinderwald?

Zurück in die Zukunft – Wie alles anfing

Als wir 1996 mit vielen Kindern und unserer Zeitmaschine, einem ausgedienten Stadtbus, dem Time-Bus, auf Zeitreise gingen, wussten wir nicht, wohin sie uns führen sollte. Auf der Suche nach dem Ring mit der ewigen Wahrheit waren wir (durch den Hintereingang des Landesmuseums) in die Steinzeit gereist. Doch leider erfolglos. Unsere Nachforschungen ergaben, dass der geheimnisvolle Ring in der Zukunft versteckt worden war und so begaben wir uns als echte Time-Busters dorthin.

Überraschenderweise trafen wir 60 Jahre in der Zukunft auf eine Gruppe von Senioren, die genauso gekleidet waren wie wir, und die uns offensichtlich erwarteten. Des Rätsels Lösung war einfach. Sie waren als Kinder mitgereist als Time-Busters und wussten daher, dass wir auf der Suche nach dem Ring mit der ewigen Wahrheit hier vorbeikommen würden.
Gemeinsam sangen wir unsere Lieder, tanzten unsere Tänze und feierten unser Wiedersehen. Dann machten wir uns auf den Weg zum sagenumwobenen Kinderwald, in dem der Ring verborgen war. Die alten Time-Busters berichteten, dass sie diesen Wald vor sechs Jahrzehnten, also in unserer Ge-

genwart gepflanzt hätten, nachdem sie ihn bereits einmal erfolglos gesucht hätten. So fanden wir nicht nur einen wunderschönen von Kindern und einer Künstlerin gestalteten Wald, sondern auch unseren weisen Ring. Er trug die wohl einzige ewige Wahrheit in sich. Sie lautet: „Auch dies geht vorüber!"

Uns war klar, dass wir 60 Jahre zurück in der Gegenwart damit beginnen mussten, den Kinderwald zu pflanzen, damit die Ordnung in Zeit und Raum nicht durcheinander gerät. Das überzeugte sogar unsere Stadtoberen und im Jahr 2000, nach fast vier Jahren Vorbereitung in zahlreichen Wald- und Zukunftswerkstätten, Camps und Waldwochen im angrenzenden Mecklenheider Forst, haben wir endlich damit begonnen, unseren Kinderwald zu pflanzen.

Das Kinderwaldprojekt – ein Beitrag zur lokalen Agenda 21

Überall auf der Welt beteiligen sich Bürger an der Erstellung eines Aktionsplans für das neue Jahrhundert, der so genannten Agenda 21. Unter dem Motto „Global denken – lokal handeln" erarbeiten sie für ihre Gemeinde oder ihre Stadt und in größeren Zusammenkünften für ihr Land konkrete Zukunftsvisionen für eine gerechtere und lebenswerte Welt unter Berücksichtigung der bestehenden und kommenden sozialen und ökologischen Probleme. Die Idee vom Kinderwald wurde vom Agenda 21-Büro und vom Kulturamt der Landeshauptstadt Hannover sofort aufgegriffen und unterstützt, da sich in diesem Projekt wesentliche Anliegen der Agenda 21 wiederfinden.

Im Projekt Kinderwald engagieren sich Menschen aus unterschiedlichsten Berufsfeldern. PädagogInnen, Forstleute, LandschaftsplanerInnen und KünstlerInnen arbeiten gemeinsam daran, Kindern mehr Naturerfahrungen zu ermöglichen. Seit ihren Anfängen im Jahr 1996 hat die Initiative das Ziel, eine konkrete Waldfläche am Stadtrand zu schaffen, die von Kindern geplant, aufgeforstet und über Jahre hinweg betreut wird. Dieser Beteiligungsprozess wird dokumentiert und begleitet. Im Jahr 2000 wurde die Vision eines eigenen Geländes Wirklichkeit. Eine 8 ha große Brachfläche im Anschluss an ein bestehendes Waldgebiet ist nach Vorstellungen von Kindern in ihren Grundzügen mit Berg, bespielbarer Wasserfläche, Senken und Mulden von großen Raupen grob modelliert worden und ging in die Obhut des Projekts Kinderwald über. In den nächsten Jahren wird aufgeforstet und die Landschaft wird zusammen mit Kindern weiter entwickelt. Ein großer Bereich von 3 ha soll nach den Wünschen der Kinder zum Urwald heranwachsen, so dass beobachtet werden kann, wie Natur heranwächst, wenn der Mensch nicht eingreift. Im Projekt werden pädagogische Inhalte wie eine kontinuierliche Kinderbeteiligung und naturnahes Erleben reflektiert und umgesetzt.

Voraussetzung für den Prozess der Kinderbeteiligung ist, dass Kinder sich regelmäßig im Wald und auf dem Kinderwald-Gelände aufhalten und dort in Werkstätten und Aktionen ein Gespür und Know-how entwickeln, wie sie ihre Ideen und Gestaltungswünsche umsetzen können. Das Projekt vermittelt so ökologische und soziale Verantwortung im Sinne der Agenda 21. Kinder gestalten konkret ihre eigene Zukunft und übernehmen Verantwortung für eine Zeitspanne, die ihrem bisherigen Erleben nicht zugänglich ist. Hierbei haben kreative, musische und künstlerische Aktivitäten in der Natur einen hohen Stellenwert.

Aktivitäten im Kinderwald

Ein **offenes Werkstatt-Angebot** für Kinder wurde geschaffen und ermöglicht eine Vielfalt an unmittelbarer Naturerfahrung. Durch das Entdecken ökologischer Zusammenhänge und jahreszeitlicher Veränderungen im Wald werden die teilnehmenden Kinder angeregt, selbst Vorstellungen und kreative Ideen für die Ausgestaltung des Kinderwaldgeländes zu entwickeln.

Gruppen aus Kindertagesstätten und Schulklassen, in den Ferien Kinder aus der ganzen Stadt und umliegenden Gemeinden verbringen **Tage und Wochen im Wald**. Camps und Übernachtungen finden statt. Manchmal eigenständig, oft mit Unterstützung durch MitarbeiterInnen des Projekts.

Im Frühjahr und im Herbst finden mehrere große **Pflanzaktionen** statt. Sie werden begleitet von kleinen Festen mit Musik, Spielen und Kaffee und Kuchen. Der künftige Waldboden wird von den Kindern durch Aussaat von Kräutern und Stauden für die ersten Pflanzungen vorbereitet. Bennies-Hecken werden gebaut. Außerdem wurden kleine Baumschulen, so genannte **Saatcamps**, angelegt, in der die Kinder das Heranwachsen ihrer Bäume miterleben können.

In **Zukunftswerkstätten** haben Kinder die Möglichkeit, sich der Geländegestaltung des Kinderwaldes zu widmen. In einer ersten Phase entwickeln und formulieren sie eigene Interessen, Bedürfnisse, Wünsche und Ideen. Durch Exkursionen, Bücherstudium, Phantasiereisen und im Modellbau erarbeiten sie mit der Unterstützung durch erwachsene Moderatoren eigene Pläne und Lösungen für die zuvor festgestellten Probleme und bereiten die spätere Umsetzung auf dem Gelände vor. Beteiligt sind Kinder, die sich das Gelände bereits intensiv durch dort stattgefundene Werkstätten und Waldwochen angeeignet haben.

ErzieherInnen und LehrerInnen werden durch **Fortbildungsmaßnahmen** speziell auf den Kinderwald bezogene umweltpädagogische Kenntnisse und didaktische Methoden vermittelt.

Das Feiern großer gemeinsamer **Jahreszeitenfeste** mit vielen hundert Kindern und Erwachsenen ist für das Projekt von großer Bedeutung. Die Jahreszeitenfeste rhythmisieren das Jahr, geben Anlass für Begegnung und Kraft für die Bewältigung der Aufgaben. Es wird viel gemeinsam gesungen und getanzt, denn unsere Kinderchöre sind immer dabei.

Seit den Anfängen des Projekts besteht der **Kinderwaldchor** mit Kindern ab 6 Jahren. Nach zwei Jahren kontinuierlicher Chorarbeit wurden zwei Chöre daraus. Die älteren Kinder von 9 bis 12 Jahren nennen sich **Erdenkinder** und begleiten die Lieder auch instrumental. Alle Kinder sind auch sonst aktiv im Projekt und leisten mit ihren zahlreichen Auftritten eine vielbeachtete Öffentlichkeitsarbeit.

Der Zwergenfluch

(tradierter Kindervers)

Manchmal müssen wir schwere Lasten zum Kinderwald bringen. Dann fahren wir mit dem Auto durch den Wald. Neulich sind wir dabei wohl einem Zwerg über den Fuß gefahren. Wir haben ihn zwar nicht gesehen, aber wir haben ihn gehört. Das war sehr lustig. Seitdem spielen wir immer den Zwergenfluch. Dabei klopfen wir uns im Rhythmus abwechselnd auf die Schenkel und klatschen in die Hände. Dann sprechen und singen wir im Wechsel:

Solo: Fli!
Chor: Fli!

Solo: Flei!
Chor: Flei!

Solo: Fli, flei!
Chor: Fli, flei!

Solo: Fli, flei, flo!
Chor: Fli, flei, flo!

Solo: Wiste!
Chor: Wiste!

Solo: Kumaladi, kumaladi, kumaladi wiste!
Chor: Kumaladi, kumaladi, kumaladi wiste!

Solo: O, no no no de wiste!
Chor: O, no no no de wiste!

Solo: Hexamini, salamini, ua puala mini!
Chor: Hexamini, salamini, ua puala mini!

Solo: Hexamini, salamini ua pua!
Chor: Hexamini, salamini ua pua!

Alle: Bi, bibli, ode wode, wada schiding ga, wada schiding ga, Schit Auto!!!

Dieses Lied ist im Kinderwald während eines Waldcamps in den Sommerferien beim gemeinsamen Kochen entstanden. Es spiegelt die Atmosphäre. Die Bilder sind aus dem Leben gegriffen. Unser Waldofen – eine ehemalige Regentonne auf einer unbereiften Sackkarre mit aufgeschweißten Ofenringen und einer Klappe für Feuerholz – brannte den ganzen Tag. Der Schornstein aus Ofenrohr war wohl nicht hoch genug.

Chapatis sind leckere Pfannkuchen aus Indien. Den Teig kann man auch für Stockbrot verwenden (siehe Rezept).

Die zehn Clowns aus dem Lied sind Kinder, die mit dem Clown Fidolo einen Wald-Clown-Workshop machen. Der Clown Horst Schneider vom Ben Guri Theater arbeitet als Künstler im Projekt Kinderwald mit. Ihm geht es vor allem darum, mit Kindern in der Natur zu sein. Als wir einmal so richtig durchgeregnet im Schlamm am Mittagstisch saßen, brachte er uns mit dem Satz zum Lachen: „Na, habt ihr auch alle eure Fingerchen gewaschen?" Das gab dem Lied den Namen.

Stockbrot und Chapatis

Zutaten:
möglichst feines Weizenvollmehl, lauwarmes Wasser, etwas Butterschmalz oder Öl, eventuell Salz

Aus den Zutaten bereiten wir einen festen Teig und kneten ihn, bis er geschmeidig ist. Dann lassen wir ihn einige Stunden stehen, kneten ihn noch einmal gut durch, zerteilen ihn in etwa faustgroße Stücke.

Für das Stockbrotbraten müssen sich die Kinder vorher lange Stecken schnitzen. Das vordere Stockende von der Rinde befreien. Den Teigklumpen darüber stülpen und durch Andrücken befestigen. Danach wird das Stockende in und über das offene Feuer gehalten, bis der Teig gebräunt und gar ist. Jetzt vorsichtig den Teig vom Stock pulen. Verbrannten oder verkohlten Teig nicht essen.

Für Chapatis den Teig in eigroße Stücke zerteilen und diese zu dünnen Fladen auswalken. In einer dicken Eisenpfanne auf einem Holzfeuer oder auf einer Gasflamme die Fladen ohne Fett backen, bis sie auf beiden Seiten braun sind. Anschließend mit Butterschmalz bestreichen.
Chapatis werden frisch zu Gemüse (oder wie im Lied mit Apfelmus) gegessen oder wie Brot mit Butter bestrichen.
Noch ein spezieller Tipp! Die gebackenen Chapatis, bevor sie mit Butterschmalz bestrichen werden, für einige Sekunden in die Glut des Feuers legen! Dann blasen sie sich auf wie ein Ballon und werden besonders köstlich. Der Teig kann nach Belieben auch gesalzen werden.

Waldwerkstätten und Aktionen

„Bis ich den Kinderwald kennen lernte, hatte ich im Rahmen meiner Arbeit vor allem mit Kindern im Alter von 14 bis 16 Jahren zu tun und es war oft sehr schwierig, die Kinder zu motivieren und ein Engagement hervorzurufen. Andere hingegen waren sehr schnell zu begeistern. Über diese Erfahrung bin ich mit anderen Leuten, die in diesem Bereich tätig sind, ins Gespräch gekommen. Es kristallisierte sich heraus, dass bei Menschen, die heute engagiert sind, in der Kindheit Naturerfahrungen stattgefunden haben."

Marius Hörner (Ökologe)

Die folgenden ausgewählten Werkstätten wurden von Waldpädagogen und Künstlern im Kinderwald angeboten und enthalten Anregungen für die eigene Arbeit mit Kindern im Wald.

Vogelwerkstätten

Die Kinder bauen Vogelhalbmasken aus Gipsbinden und gestalten sie mit Federn, Farben und gefundenen Naturmaterialien aus. Dann begeben sich die Kinder in den Wald, um ihn mit Nistplatzsuche und Nestbau als Vogel zu erleben.

Werkstatt: Vogelmaskenbau

Material: Creme, Frischhaltefolie, Gipsbinden, Wasser, Ton oder Knete, Gummiband, Farben, Pinsel, Schere, Naturmaterialien

Zielgruppe: für Kinder ab 10 Jahren oder für jüngere Kinder unter Anleitung

Das halbe Gesicht wird samt Augenbrauen mit Vaseline oder einer anderen Creme eingerieben. Der Mund und die Nasenlöcher bleiben frei. Auf diese Cremeschicht wird Frischhaltefolie gelegt und so auf das Gesicht gedrückt, dass sich alle Konturen deutlich abzeichnen. Die zuvor in Streifen geschnittenen Gipsbinden werden kurz in Wasser eingetaucht und Streifen für Streifen auf das Gesicht gelegt. Nach Belieben und Fantasie können während dieses Arbeitsschrittes verschiedene Naturmaterialien wie Federn, Blätter, Schneckenhäuser oder Eicheln in die Maske eingearbeitet werden.

Um große, kleine, krumme oder wie auch immer gestaltete Schnäbel in die Maske zu integrieren, eignet sich besonders Ton, aber auch Knete. Die Schnäbel werden geformt, auf der Frischhaltefolie mit Gipsstreifen belegt und so lange festgehalten bis die schnell trocknenden Gipsstreifen das Gebilde halten. Jetzt kann die Maske abgenommen werden.

Ist die Maske nach ca. 1 bis 2 Stunden durchgetrocknet, können die Tonformen von hinten mit einem Messer entfernt werden. Die Löcher zum Hindurchsehen können in beliebiger Form ausgeschnitten werden. An den Rändern der Maske sind in passender Höhe zwei Löcher für ein Gummiband zu setzen. Nun kann sie mit Farben angemalt werden. Zum Schluss wird das Gummiband eingezogen – und fertig ist das Vogelgesicht!

Werkstatt: Zauberwald

Material: Ton, Packpapier oder Baseler Maskenpapier, Tapetenkleister, Farbe und Pinsel, Stoffe, Tacker, Verkleidungssachen
Zielgruppe: Kinder ab 9 Jahren

Die Kinder werden mit allen Sinnen durch Musik, Tanz, Geschichten und Fühlen auf das Thema „Zauberwald" eingestimmt.
Dann formen sie mit ihren Händen ein großes Gesicht aus Ton.

Werkstatt: Nestbau

Material: 1 großes Pappmaché-Ei, große, schwere Holzstücke, dünne Zweige und Äste, Moos, Laub, etc.

Ein großes Ei aus Pappmaché, zu dem sich die Kinder spontan Geschichten ausdenken, stimmt auf den Nestbau ein.
Große, schwere Holzstücke bilden die Nestunterlage. Die Seiten werden aus dünneren Zweigen und Ästen gebaut, die immer wieder ineinander gesteckt werden Es empfiehlt sich biegsames Holz.
Am Ende schaffen die Kinder durch Moos, Laub, eventuell Federn, Haare oder Wolle eine weiche Unterlage.

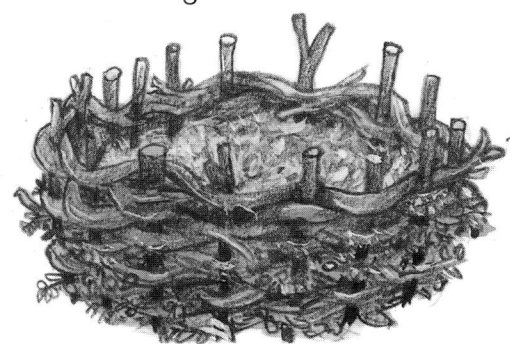

Die Tonform mit Kleister bestreichen und in mehreren Lagen mit Papier bekleben, so dass eine Maske entsteht, die nach dem Trocknen vom Tonkern gelöst wird.

Die Maske anmalen und an ihrem Rand mit einem Tacker ein Tuch befestigen, das über den Kopf gezogen wird. So ist die Maske spielbereit.

Die Kinder verkleiden sich passend zu ihrer Maske. Dadurch entsteht eine Maskengestalt. Für die fertigen Masken suchen ihre kleinen Schöpfer einen Namen und einen Ort im Wald, an dem sich die Masken wohl fühlen sollen. Dort wird für sie eine Musik gespielt und sie bewegen sich. Es entwickeln sich kleine Geschichten...

Später werden die Masken im Wald besucht, um zu sehen, wie sie sich durch Regen, Blätter oder vorbeikommende Tiere verändern.

Diese Baumgeschichte hat Wicky, 4 Jahre alt, erzählt:

"Mein Baum ist ein Mädchen und heißt Bianca. Mein Baum hat Schuhe an und einen Hut auf. Er kann wackeln im Wind und er hat auch eine Blume mit zum dran Riechen. Mein Baum hat auch Tränen, aber der wollte keine Tränen haben. Mein Baum hat eine Kette und ein Ei vom Vogel in einem Nest. Da kommt ein kleiner Vogel raus."

Werkstatt: Baumgesichter

Material: Wollfäden und Schafswolle, Holzscheiben, Blüten und andere Naturmaterialien, Schere, kleine Leiter
Zielgruppe: Kinder ab 4 Jahren

Die Kinder laufen durch den Wald und entdecken Gesichter in den Baumstämmen. Wo sind die Augen? Hat der aber eine lange Nase!

Sie gestalten ihre Bäume zu Wesen. Sie bekommen vielleicht eine Fliege aus Krepppapier, Haare aus Grashalmen, Augenbrauen aus Schafswolle, ein fehlendes Auge wird ersetzt. Dazu steigen sie auf die mitgebrachte Leiter oder machen eine Räuberleiter, um Wollfäden um den Stamm zu spannen, an denen die Materialien befestigt werden. Die Kinder schmücken ihre Bäume heraus und geben ihnen Namen. Dann beschreiben sie sie und erzählen eine kleine Geschichte.

Werkstatt: Tiere beobachten mit Hüten

Material: Binsen (wächst in Feuchtgebieten), Naturmaterialien, Bindfaden, Schere, Ferngläser
Zielgruppe: Kinder ab 6 Jahren

Aus Binsen flechten sich die Kinder Kränze, die mit Blüten, Kräutern, Blättern, Zweigen, Federn, Tannenzapfen und mit dem, was sie sonst noch alles im Wald finden, verziert werden.

In einem zweiten Schritt bauen sie sich Hüte aus Farnwedeln und Binsen. Diese dienen zum Tarnen und Verstecken, um scheue Tiere beobachten zu können.

Natürlich müssen auch Fertigkeiten wie lautloses Heranschleichen, geräuschloses Atmen und „Einfrieren" geübt werden. Mit Ferngläsern ausgerüstet ziehen die jungen TierforscherInnen durch das Unterholz, entdecken und beobachten Vögel, Mäuse, Rehe und andere Tiere des Waldes.

Steinmenschen legen und andere Steinspiele

Material: Viele verschiedene Steine, sortiert nach Farben und Formen
Zielgruppe: Kinder ab 6 Jahren

Die Steinpyramide

Ein Aktionsspiel leitet den Bau einer Steinpyramide ein. Die Kinder sammeln möglichst große Steine und schichten sie aufeinander. In 5 Minuten muss die Pyramide fertig sein und mindestens so hoch wie die Messlatte der Spielleiterin. Später kann an der Pyramide je nach Lust und Laune weiter gebaut werden.

Steinmenschenbilder

Ein Kind legt sich in einer gewünschten Position auf den Boden, andere Kinder legen den Umriss mit Steinen. Das dargestellte Kind gestaltet das Innere der Figur mit weiteren Steinen nach eigenen Vorstellungen. Werden die Steine zuvor nach Farben und Formen sortiert, entstehen bunte Mosaike.

Stein-Spiel
Es gibt ein ruhiges Steinspiel. Jedes Kind sucht sich einen Stein aus und muss ihn in einem Haufen anderer Steine mit geschlossenen Augen ertasten und wieder finden.

Stein-Memory
Aus zwei ähnlichen Steinen werden Steinpaare zusammengestellt, die mit anderen Paaren vermischt und zu einem Stein-Memory ausgelegt werden. Die einzelnen Steine werden mit großen Blättern zugedeckt.

Der Steinwettlauf
Die Kinder suchen sich jeweils drei große Steine, auf denen sie stehen können. Sie legen ihre Steine an der Startlinie hintereinander auf den Boden und stellen sich auf zwei Steinen auf. Auf ein Zeichen, bücken sie sich nach dem Dritten und werfen ihn so weit, dass sie ihn mit einem möglichst großen Schritt noch erreichen können. Dann heben sie den verlassenen Trittstein auf und nähern sich so der Ziellinie. Wer zuerst mit allen Steinen hinter der Linie ankommt, hat gewonnen.

Bilderbücher vom Kinderwald

Material: Fotoapparate und Filme, Schreibblöcke mit Stiften, evtl. Tonaufzeichnungsgerät, DIN A3-Pappen, Naturmaterialien
Zielgruppe: Kinder ab 4 Jahren und Erwachsene

Die Aktivitäten aus den einzelnen „Werkstätten" werden von Kindern und Erwachsenen fotografiert. Dabei sind die unterschiedlichen Perspektiven wichtig, denn Kinder nehmen vieles anders wahr als Erwachsene.
Die Kinder und Erwachsenen befragen sich gegenseitig nach ihren Erlebnissen und das Gesagte wird schriftlich festgehalten.
Dieses Material wird zu Bilderbüchern zusammengestellt, die mit Naturmaterialien liebevoll gestaltet werden:
Die DIN A3-großen Seiten aus Karton werden von einem Stock zusammengehalten und an einer Längsseite mit einem Pappstreifen verstärkt. Nach einer dreifachen Doppellochung (s. Abb.) wird der Stock, der genau zwischen den Doppellöchern liegt, mit Bindfäden festgezurrt.

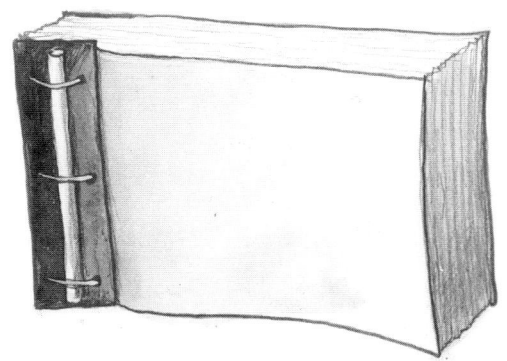

Die besondere Ästhetik, die lebendigen Kommentare unter den Fotos und der erfrischende Originalton der befragten Kinder machen diese Bücher zu einer schönen Erinnerung für Kinder, Eltern und Erzieherinnen im Kindergarten, aber auch zum Publikumsmagneten an Informationsständen.

Der Wald macht Musik

⊙ Nr. 4
T. & M.: U. M. Kindel

1. Hört, hört, Waldkinder! Welch ein Glück! Der Wald, der Wald macht heut' Musik.
2. Wir singen, singen, singen, singen, singen ein Lied.
3. Der Wald macht Musik und wir singen mit.
   Wir singen, singen, singen, singen singen sein Lied.

Wir führen den Kanon DER WALD MACHT MUSIK mit einer Geräusch- und Klangimprovisationen zum Klanggeschehen im Wald ein: Welche Geräusche gibt es im Wald?

Wer übernimmt das Blätterrauschen, wer das Vogelgezwitscher, wer den Kuckuck und wer das Wildschwein?

Wir erzeugen die Klänge mit unseren Stimmen. Schlag- und andere Instrumente werden eingebunden:

Der Specht klopft auf dem Holzblock, das Wetter wird schlechter mit Regenmacher, das Becken und die Pauke spielen Blitz und Donner. Zwergenglocken erklingen und ein Schwirrholz summt wie ein Bienenschwarm.

Besonders viel Spaß macht es, wenn eine Geschichte erzählt wird, die von den einzelnen Stimmen und Instrumenten ausgemalt wird. Sie kann ebenfalls improvisiert werden. Alle vorhandenen ausgedachten Klänge kommen darin vor und alle sind am Erzählen der Geschichte beteiligt.

Ein kleiner Tipp: Es ist einfacher, wenn es einen kleinen Helden oder eine Heldin gibt, die etwas im Wald erlebt. Eine kleine Blockflötenmelodie könnte für unsere Hauptfigur erklingen. Wie wäre es mit unserem Kanon: Der Wald macht Musik?

Waldinstrumente bauen

Das Waldxylophon

Material: Sägen, Feilen, Bindfaden
Zielgruppe: Kinder ab 6 Jahren

Die Kinder brauchen Sägen, Feilen, Bindfaden, Geduld und gute Ohren.
- Sie suchen im Wald im Trockenholz oder im Schnittgut nach klingendem Holz, indem sie mit einem harten Stock darauf schlagen und hören, wie es klingt.
  Tipp: das Holz der Hainbuche klingt besonders gut.
- Jetzt werden unterschiedliche Längen abgesägt und die Kinder experimentieren mit den Tonhöhen. Zwei etwas längere, nicht zu dicke Stämme werden als Unterlage für die klingenden Stäbe benötigt.
- Alles wird zu dem Ort getragen, wo das Waldxylophon endgültig stehen soll. Hier wird das Xylophon zusammengebaut. Zuerst werden die Holzstäbe nach ihrer Tonhöhe sortiert.
- Da wo die Klanghölzer auf den darunter liegenden Stämmen aufliegen, werden sie mit festem Bindfaden der Reihe nach so befestigt, dass sie seitlich nicht wegrutschen können.
- Ist die Arbeit getan, werden geeignete Schlagstöcke gesucht. Sie sollten hart, gerade und an der Spitze mit Feilen abgerundet werden, damit die Klangstäbe nicht zu sehr Schaden nehmen beim Draufschlagen. Es ist auch darauf zu achten, dass sie nicht zu schwer für Kinderhände sind, aber trotzdem einen satten Klang erzeugen.
- Zum Schluss wird das Waldxylophon mit Moos und Federn geschmückt und mit einem „Alle meine Entchen"-Konzert eingeweiht.

Panflöten

Material: Japanischer Knöterich, scharfes Messer, Stöckchen, Bindfaden oder Wolle
Zielgruppe: Kinder ab 6 Jahren

Es gibt japanischen Knöterich, aus dem sich wunderbar Panflöten bauen lassen. Er wächst in Massen im Auwald oder am Flussufer und es ist eine ökologische Großtat, ihn dort zu entfernen.

Seine Stängel sind innen hohl und werden genau unter der Stelle, an der sie zusammengewachsen sind, mit einem scharfen Messer in Segmenten abgeschnitten. Dabei wird darauf geachtet, dass die grünen Stängel nicht brechen oder eingedrückt werden. So entstehen einzelne unten geschlossene Röhren mit einer scharfen Schnittkante.

Wird darüber geblasen, erklingt ein Flötenton. Je nach Dicke und Länge klingen die einzelnen Röhren höher oder tiefer.

Wie beim Xylophon werden sie nach Tonhöhen sortiert und nebeneinander gelegt.

Nun werden auf jede Seite zwei Stöcke gelegt und Stöcke und Röhren mit bunten Wollfäden umwickelt, bis sie fest miteinander verbunden sind.

Klanghölzer

Material: Gerade gewachsene Hölzer, Säge, Feile
Zielgruppe: Kinder ab 4 Jahren

Die Kinder suchen nach zwei Hölzern, die gut klingen, wenn sie aneinander geschlagen werden. Sie sollten gerade gewachsen, hart und trocken sein, möglichst gleich dick und lang.
Wird mit einer Hand ein Holz so festgehalten, dass darunter ein Hohlraum entsteht, klingen die Klanghölzer lauter.

Ratsche

Material: Säge, Viereckige Feile, Hölzer, dünnes Stöckchen
Zielgruppe: Kinder ab 6 Jahren

Die Kinder brauchen eine Säge oder eine viereckige Feile, einen mitteldicken, gut klingenden Ast und einen dünnen geraden Stock.
Sie sägen oder feilen in regelmäßigem Abstand kleine Furchen in den Ast.
Wenn sie mit dem Stöckchen darüber streichen, erklingt der typische Klang einer Ratsche.

Über das Kanon-Singen

Im Kinderwaldchor werden viele Kanons gesungen. Das ist die einfachste Art, mehrstimmig zu singen und gerade Naturlieder legen die Form des Rundgesangs nahe. Die Kreisläufe der Natur, das Werden und Vergehen in den Ökosystemen, die Zyklen der Jahreszeiten, überall begegnen wir dem Kreisprinzip. Der Kanon ist die musikalische Entsprechung.

Ein einfacher, aber sehr schöner Kanon schon für die Kleinsten ist das Lied von der Schnecke. Auf die Melodie von Bruder Jakob singen wir:

*Kriecht die Schnecke,
kriecht die Schnecke,
Berg hinauf, Berg hinauf,
und dann wieder runter,
und dann wieder runter.
Auf dem Bauch,
auf dem Bauch.*

Dabei bewegen wir zuerst die Arme nach vorn, dann rauf und dann runter. Am Schluss streichen wir uns über den Bauch.

Grundregeln für das Kanon-Singen

Dieser Kanon ist so leicht erlernbar, dass er sich gut eignet, das Kanon-Singen einmal genauer zu beleuchten. Es gibt einige Grundregeln, die dabei zu beachten sind.

1. Regel: Klare Choraufteilung

Die Gruppe nach Anzahl der gewünschten Stimmen aufteilen. Dabei darauf achten, dass in allen Untergruppen starke SängerInnen vertreten sind und dass die Reihenfolge des Einsatzes geklärt ist. Schön ist es auch, die Stimmen nach Klangfarben aufzuteilen: Kinder und Erwachsene oder Männer und Frauen. Die Herausforderung für jede Untergruppe, die eigene Stimme durchzuhalten, ist besonders bei Kindern ein gern gesehener Nebeneffekt des Kanon-Singens. Sie stärkt die Konzentration, zentriert und fördert so die Präsenz des Chores.

2. Regel: Gemeinsamer Grundton und Rhythmus

Wir singen den Kanon anfangs mehrfach gemeinsam. Das dient auch der Textverständlichkeit. Von Vorteil ist natürlich ein Chorleiter, der den Takt anzeigt und die Einsätze gibt.

3. Regel: Verabredung über das Ende

Es gibt viele Möglichkeiten, einen Kanon enden zu lassen. Der Chor kann immer leiser singen, bis der Kanon ausklingt. Oder der Chor schmettert zum Finale noch einmal einstimmig. Wichtig ist, sich über ein Ende zu verständigen. Dann hat der Kanon eine Gestalt und wirkt nachhaltiger. In unserem Fall des Schnecken-Kanons empfiehlt es sich, das Bauchreiben solange zu wiederholen, bis alle am Ziel angekommen sind.

4. Regel: Nicht nur „durchkommen", sondern die Mehrstimmigkeit hören

Besonders für Kinder hat das Kanon-Singen immer etwas von einem Wettstreit. Wer schafft es, seine Stimme durchzuhalten und wer nicht? Das führt oft dazu, dass der Kanon unterwegs immer schneller wird. Doch nicht wer zuerst ankommt, hat gewonnen, sondern gemeinsam anzukommen ist das Ziel. Der Kanon ist eine wunderbare Übung, eine Grundeigenschaft des Musizierens zu trainieren. Musiker sind aktiv, sie spielen auf ihrem Instrument oder singen, aber sie sind auch gleichzeitig rezeptiv. Sie schauen auf die Noten, hören den Gesamtklang und fügen sich in ihrem Spiel in das Wahrgenommene ein. Beide Gehirnhälften sind dabei im Einsatz. Wenn wir es schaffen, während des Singens aufeinander zu hören, haben wir nicht nur selbst mehr von unserem Kanon, der Kanon hat auch mehr davon. Er wird feiner, dynamischer und durchsichtiger.

Flieg wie ein Schmetterling

Nr. 6
T. & M.: U. M. Kindel

1. Flieg wie ein Schmet-ter-ling, flieg wie ein Schmet-ter-ling,
2. lass dich tra-gen vom Wind. Flieg wie ein Schmet-ter-ling,
flieg wie ein Schmet-ter-ling, bis wir im Wol-ken-land sind.
Steh wie ein star-ker Baum, steh wie ein star-ker Baum,
Wur-zeln tief in der Er-de. Steh wie ein star-ker Baum,
steh wie ein star-ker Baum, Blät-ter rau-schen im Wind.

Flieg wie ein Schmetterling,
flieg wie ein Schmetterling,
lass dich tragen vom Wind.
Flieg wie ein Schmetterling,
flieg wie ein Schmetterling,
bis wir im Wolkenland sind.

Steh wie ein starker Baum,
steh wie ein starker Baum,
Wurzeln tief in der Erde.
Steh wie ein starker Baum,
steh wie ein starker Baum,
Blätter rauschen im Wind.

Spielanleitung:

1. Teil: Schmetterlinge

In diesem Lied begegnen wir den Elementen Luft und Erde. Schmetterlinge sind leicht und fliegen recht aufgeregt mit großem Flügelschlag. Wie fliegen andere Tiere? Kolibris zum Beispiel, Bienen oder der stolze Adler? Wir eröffnen eine kleine Flugschule und probieren verschiedene Arten des Fliegens aus. Am Ende wissen wir wie Schmetterlinge fliegen und sich vom Wind tragen lassen.

2. Teil: Bäume

Das Element Erde unterscheidet sich sehr vom Element Luft. Bäume haben eine starke Beziehung zu beiden Elementen. Sie wurzeln tief in der Erde und ihre Kronen berühren den Himmel.

Wir stellen uns hin wie ein Baum. Wir erspüren, was es heißt, Wurzeln zu haben. Wir stehen still und stellen uns mit geschlossenen Augen vor, dass aus unseren Fußsohlen Wurzeln wachsen. Die wachsen durch die Decke und den Raum darunter, durch das Fundament, bis sie endlich das Erdreich erreichen. Hier wachsen sie schneller, tiefer und tiefer hinein in das Erdreich. Sie wachsen so stetig, dass sie schon bald den Mittelpunkt der Erde erreichen. Sie ranken sich um diesen Mittelpunkt und ziehen uns jetzt sanft und fest auf den Boden. So steht ein Baum. Wir spüren genau hin. So fühlt es sich an, Wurzeln zu haben und fest mit der Erde verbunden zu sein. Unsere Arme wachsen langsam wie Äste dem Himmel entgegen. Unsere Finger spüren den Hauch des Windes und zappeln im Wind.

Die Wurzeln lösen sich und geben uns wieder frei.

Tanzanleitung

Wenn wir das Lied singen und tanzen, fliegen wir zuerst mit großem Flügelschlag durch den Raum wie Schmetterlinge. Bei „Steh wie ein starker Baum" bleiben wir schlagartig stehen und verwurzeln uns. Die erhobenen Arme sind unsere Äste. Die Finger bewegen sich nicht. Bei der Textstelle: „Blätter rauschen im Wind" zappeln wir mit den Fingern. Beginnt der Text von vorn, fliegen wir wieder los.

Sehr schön ist es auch, wenn wir in zwei Gruppen als Schmetterlinge und Bäume im Kanon singen und tanzen. Dabei fliegen die Schmetterlinge um die Bäume herum. Die zweite Gruppe setzt mit Singen und Tanzen erst zur Hälfte des Liedes ein, wenn die erste Gruppe zu Bäumen wird. Singen wir den Kanon ohne zu tanzen, setzen wir früher nach dem zweiten „Flieg wie ein Schmetterling" ein. Das ist musikalisch noch klangvoller.

Der Waldschrat

Plötzlich war er da. Ein alter Mann mit Stoppelbart, abgewetzten Klamotten und einem speckigen Hut. Er stoppte sein Damenfahrrad und sprach uns in holprigem Deutsch an. Wir waren gerade damit beschäftigt, Bäumchen und Sträucher auszuladen, um sie mit dem Kinderwaldchor zu pflanzen. Inmitten von Schlehen, Weiden, Hartriegel, Schneebeeren und Jasminbäumchen stand da dieser Mann und freute sich darüber, wie emsig die Kinder bei der Sache waren. Er versprach, später noch einmal vorbeizukommen, um zu zaubern, und hinterließ noch eine kleine Kostprobe seines Könnens. Erst verschwand ein Geldstück in seiner Handfläche und dann verschwand er selbst auf seinem klapprigen Drahtesel. Wir Erwachsenen schüttelten verwundert den Kopf.

Ein Kind fragte: „War das ein Waldgeist?" Der gute Mann war eher ein Waldschrat. Als wir ihn Stunden später an ganz anderer Stelle im Wald wieder so ganz zufällig trafen, meinte er, es wäre ja nun langsam Zeit für die Zaubervorstellung. Aber zuvor wolle er uns zeigen, was er für Pilze gesammelt hatte. Er stellte einen mit Pilzen gefüllten Mayonnaise-Eimer auf den Tisch der Schutzhütte, in der wir uns versammelten. Vom Lenker seines Fahrrads holte er noch eine weiße und eine rote Plastiktüte. Im Eimerchen befanden sich die Pilze, mit denen er sich zu Hause eine Suppe kochen wollte. In der weißen Tüte waren Pilze, die man sogar roh essen konnte und ab und zu stopfte er sich einen Pilzbrocken in den fast zahnlosen Mund. In der roten Tüte aber waren Fliegenpilze und andere Giftpilze, die alle einen dicken Fuß hatten. Der Alte sagte: „Diese müsst ihr meiden, Kinder. Die sind sehr böse. Ich mache daraus Gift für die Fliegen, die sich an meinen Pflanzen und Bäumen zu schaffen machen."

Dann holte er ein Taschentuch heraus und ließ alles mögliche darin verschwinden. Er band Knoten, die sich in Luft auflösten und ein Geldstück nach dem anderen rieb er in seinen linken Unterarm. Sein rechter Unterarm hatte große Narben und er erzählte den sich etwas gruselnden Kindern, dass ein Doktor ihm dort schon einmal darin verschwundene Goldstücke herausoperiert hätte. Sie glaubten ihm das natürlich nicht. Aber wer weiß? Zwei Mark und zwanzig hatte ich ihm geliehen und es sah ganz so aus, als müsse ich darauf wohl oder übel verzichten. Aber unser Waldschrat wäre nicht ein echter Zauberer gewesen, hätte er nicht doch noch auch ohne Doktor das Geld herbeigeschafft. Er holte es aus den Ohren eines besonders skeptischen Kindes. Darin muss es ordentlich geklingelt haben.

LIEDER VON NATURVÖLKERN

Mitwelt statt Umwelt

Die Welt ist zusammengerückt, auch und gerade in der Musik. Musikalische Einflüsse aus vielen Kulturen erreichen uns und erweitern nicht nur unsere Hörgewohnheiten. Dieser Prozess darf nicht am Kinderlied vorübergehen. Die Gedanken, Philosophien und Weltsichten anderer Kulturen und Religionen erweitern unseren Horizont. Indianer-Zitate schmücken die Wände vieler Wohnzimmer und das Auto manches Greenpeace-Sympathisanten.

Die tiefe Achtung der Natur und das Bemühen um eine nachhaltige Lebensweise wie es bei allen traditionell lebenden indigenen Völkern auf der Erde zu finden ist, hat nicht nur die Ökologiebewegung in den letzten Jahren beeinflusst. Der Gedanke der Nachhaltigkeit im Umgang mit der Natur und mit den Ressourcen der Erde hat Einzug gehalten in kirchliche und politische Kreise wie bei der Erstellung der AGENDA 21.

In der Musik und in den Liedern der indigenen Völker spiegelt sich ein anderes Bewusstsein. Die Welt wird nicht als Umwelt erlebt, sondern als Mitwelt. Diese Weltsicht ist spirituell. Sie grenzt das Andere nicht aus, sondern sieht in ihm Bruder und Schwester. Auch hier gibt es Lieder für Kinder, Einschlaflieder, Spiellieder und Tänze. Bestimmte Gesänge sind den Schamanen vorbehalten. Sie sollen erkrankte Mitglieder des Stammes heilen und die Gemeinschaft im Gleichgewicht halten, in Einklang mit der traditionellen Lebensweise, den Regeln und Gesetzen der Ahnen. In ihren Visionen und Trancereisen erhalten die Schamanen so genannte Kraftlieder. Diese Gesänge sind einfach, aber, wie der Name schon sagt, sehr kraftvoll. Eingebunden in Rituale werden sie vom ganzen Stamm gesungen. Durch ständiges Wiederholen und durch ausgelassenen Tanz versetzen sich die Menschen mit diesen Liedern in Trance und Ekstase. Rituale und die fachkundige Begleitung durch die Schamanen helfen ihnen, andere Bewusstseinszustände psychisch gesund zu überstehen und als Reinigung und Erneuerung zu erleben. Die Wirkung dieser Lieder ist faszinierend. Doch keine Angst. Für uns Europäer und vor allem für Kinder besteht keine Gefahr, wenn wir diese Lieder singen. Es macht einfach nur Spaß und manchmal können wir die Kraft, die von ihnen ausgeht, spüren.

Feia cetong

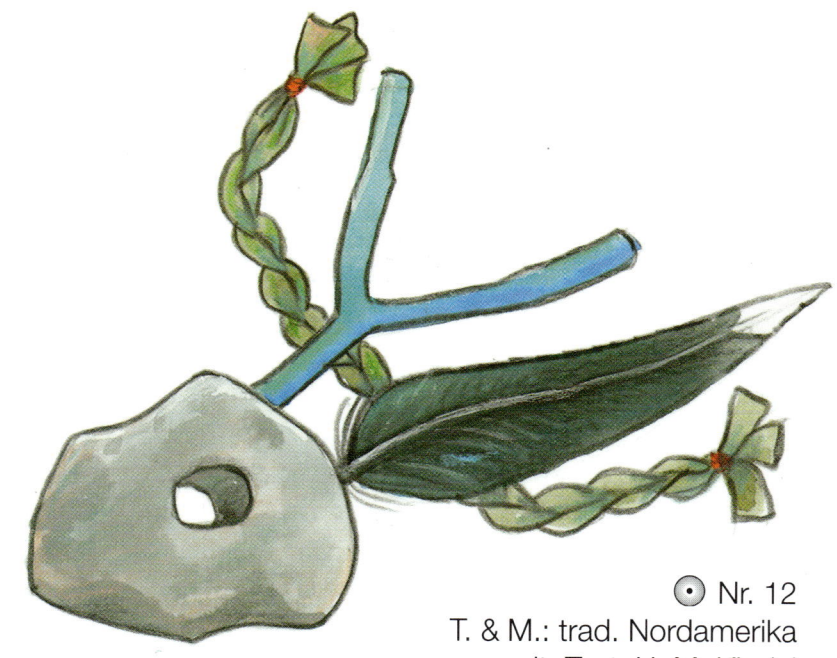

⊙ Nr. 12
T. & M.: trad. Nordamerika
dt. Text: U. M. Kindel

Die indianische Kindererziehung kennt viele solcher Lieder und Spiele. Sie vermitteln schon im Kindesalter Normen und Werte der indianischen Religion und Gesellschaft. Das zyklische Weltbild und die große Achtung vor allem Leben spiegelt sich in diesem Spiellied. Es fördert die Kooperation und das Zusammenwachsen einer Gruppe.

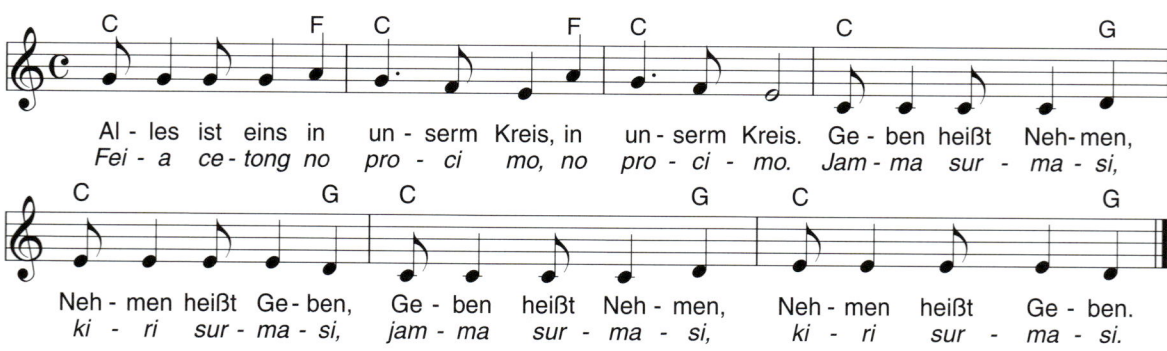

Al - les ist eins in un - serm Kreis, in un - serm Kreis. Ge - ben heißt Neh - men,
Fei - a ce - tong no pro - ci mo, no pro - ci - mo. Jam - ma sur - ma - si,

Neh - men heißt Ge - ben, Ge - ben heißt Neh - men, Neh - men heißt Ge - ben.
ki - ri sur - ma - si, jam - ma sur - ma - si, ki - ri sur - ma - si.

Feia cetong no procimo, no procimo
Jamma surmasi, kirir surmasi,
Jamma surmasi, kirir surmasi.

Alles ist eins in unserm Kreis, in unserm Kreis.
Geben heißt Nehmen, Nehmen heißt Geben.
Geben heißt Nehmen, Nehmen heißt Geben.

Spielanleitung:

Alle sitzen im Kreis mit geöffneten Händen. In der linken Handfläche eines jeden Kindes befindet sich ein Gegenstand, den es zuvor im Raum oder draußen im Wald gefunden hat, z.B. eine Kastanie oder ein schöner Stein.

Bei *„Feia cetong"* wippen die Kinder mit den Händen und schauen dabei ihren Fund an.

Bei *„Jamma surmasi"* wechselt der Gegenstand zuerst in die rechte Hand.

Bei *„Kiri surmasi"* nehmen sich alle mit der linken Hand den Gegenstand des linken Nachbarn.

Bei *„Jamma surmasi"* wandert der Gegenstand wieder von der linken in die rechte Hand

Bei *„Kiri surmasi"* nehmen und geben wieder alle gleichzeitig.

Bei *„Feia cetong"* schauen sich alle an, welcher Gegenstand diesmal in der Hand liegt.

Eine **Variante** für kleinere oder motorisch ungeübte Kinder:

Nach dem Wechsel des Gegenstands von links nach rechts geht die linke Hand geöffnet zurück an ihre Ausgangsposition.

Bei *„Kiri surmasi"* legen wir den Gegenstand mit unserer rechten Hand in die linke Hand des Nachbarn.

Indianer im Kinderwald

Im Kinderwald hatten wir bereits mehrfach Besuch von Indianern. Die Stadt Hannover ist vertreten im Klimabündnis europäischer Städte mit den indigenen Völkern des Regenwalds in Südamerika. Hintergrund ist die Einsicht, dass das Weltklima und die Erdatmosphäre nicht allein durch regionale Maßnahmen zu schützen ist, sondern dass dabei dem Erhalt der Regenwälder eine zentrale Bedeutung zukommt.

Die indianischen Völker sind mit ihrem Wissen die Hüter dieser Wälder, deren Zerstörung auch die Zerstörung ihres Lebensraumes, ihrer Kultur und ihrer Geschichte bedeutet. Vertreter dieser bedrohten Völker werden eingeladen, um zum Beispiel in Schulklassen von ihrer Heimat zu berichten. Manuel Sifontes, Pemon-Indianer aus Venezuela, ist ein engagierter Lehrer und Verfechter einer modernen traditionellen Lebensweise, in der Bildung, aber auch das alte Wissen ihren Platz haben. Er hat Lieder und Tänze vorgestellt und viele Fragen von Kindern über sein und das Leben seines Volkes beantwortet. Als ich mit Kampana, so lautet Manuels indianischer Name, den Kinderwald besuchte, hörte er ein vertrautes Rauschen. Freudig erregt fragte er mich, ob das ein Wasserfall sei. Sein Volk lebt auf einer weiten Hochebene, dem Tepui, wo es viele Wasserfälle gibt. Darunter der Angels-Fall, der sich über 1000 Meter in die Tiefe stürzt und der höchste Wasserfall der Erde ist. Leider brachte uns der Wind nur das Rauschen der Autobahn. Wir waren keine 100 Meter im Stadtwald, an dessen Nordrand der Kinderwald heranwächst, da entdeckte er Glasscherben einer weggeworfenen Bierflasche. Ich hatte sie gar nicht gesehen. Äußerst besorgt fing er sofort an, die Scherben einzusammeln, da sich ja Kinder daran schneiden könnten. Noch nie war er in einem europäischen Wald gewesen, über jeden Baum und jeden Strauch fragte er mich aus. Ich war sehr beeindruckt. Als ich unseren Wald durch seine Augen sah, bemerkte ich, dass er immer stiller geworden war. Ich glaube, er hatte Mitgefühl mit uns. Noch nie hatte er den Regenwald verlassen und fühlte sich in der Stadt verloren wie wir uns verloren fühlen würden, wenn man uns irgendwo im Regenwald absetzt. Ich musste ihn an der Wohnungstür seiner Unterkunft abliefern. Er hätte im Straßengewühl niemals den richtigen Hauseingang gefunden. Trotzdem ist er ein mutiger Mann mit großer Klarheit, der für die Kinder seines Volkes viel Gutes bewirkt. So hat er kürzlich eine Schule im Regenwald gegründet. Anlässlich der Eröffnung des Regenwaldhauses im hannoverschen Berggarten waren die Jiwi-Indianer Chamanares José Manuel Escala und sein Enkel, der Soziologe Javier Sánchez zu Gast. Der Kinderwaldchor sang im Rahmen der Feier zur Weihung des Regenwaldhauses und so lernten wir uns kennen. Vor geladenen Gästen zelebrierte der über 80-jährige Schamane Chamanares die traditionelle Weihungs-Zeremonie, in der das Energiefeld des Ortes mit den Klängen einer Rassel gereinigt wird und die neu gepflanzten Bäume und Pflanzen besungen werden. Schon am Vormittag hatte er im Regenwaldhaus Kinder aus dem Kinderwald empfangen, sie mit Pflanzenfarben bemalt und ihnen Geschichten zu den einzelnen Bäumen erzählt. Am nächsten Tag besuchten uns die beiden indianischen Gäste im Kinderwald bei einem Fest zu ihren Ehren. Es wurde eine schöne Begegnung. Sie beantworteten Fragen, zeigten den Kindern wie man mit Pfeil und Bogen schießt und ließen sich vom Projekt berichten. Bei der Begehung unseres Geländes sang und rasselte Chamanares für die große kranke Eiche, unseren letzten alten Baum. Er erzählte uns und dem Baum eine uralte Geschichte seines Volkes. Er gab uns den Ratschlag, den Baum in Ruhe zu lassen, und es um ihn herum schön zu machen. Intuitiv hatten die Kinder schon von sich aus damit begonnen, Blumen in seinem Umkreis zu säen und zu pflanzen. Chamanares sagte, die Kinder wüssten schon, was richtig ist. Wir sollten sie ruhig machen lassen. Als Gastgeschenk überreichten wir den neu gewonnenen Freunden unsere Musik und einen Walkman mit solar aufladbaren Akkus. Für die indianischen Kinder stellten Kinderwaldkinder ein Buch mit zahlreichen Fotos und Bildern zusammen. Chamanares überreichte uns seine Rassel. Das war ein bewegender Moment.

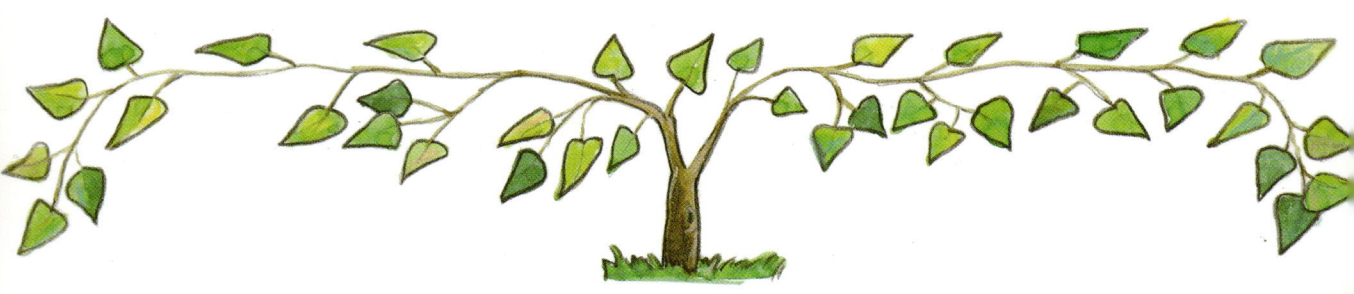

He yanga

Nr. 13
T. & M.: trad. Nordamerika
dt. Text: U. M. Kindel

Dieses indianische Lied wurde überliefert vom Medizinmann Sun Bear und ist Bestandteil eines Heilungsrituals für unsere Erde.

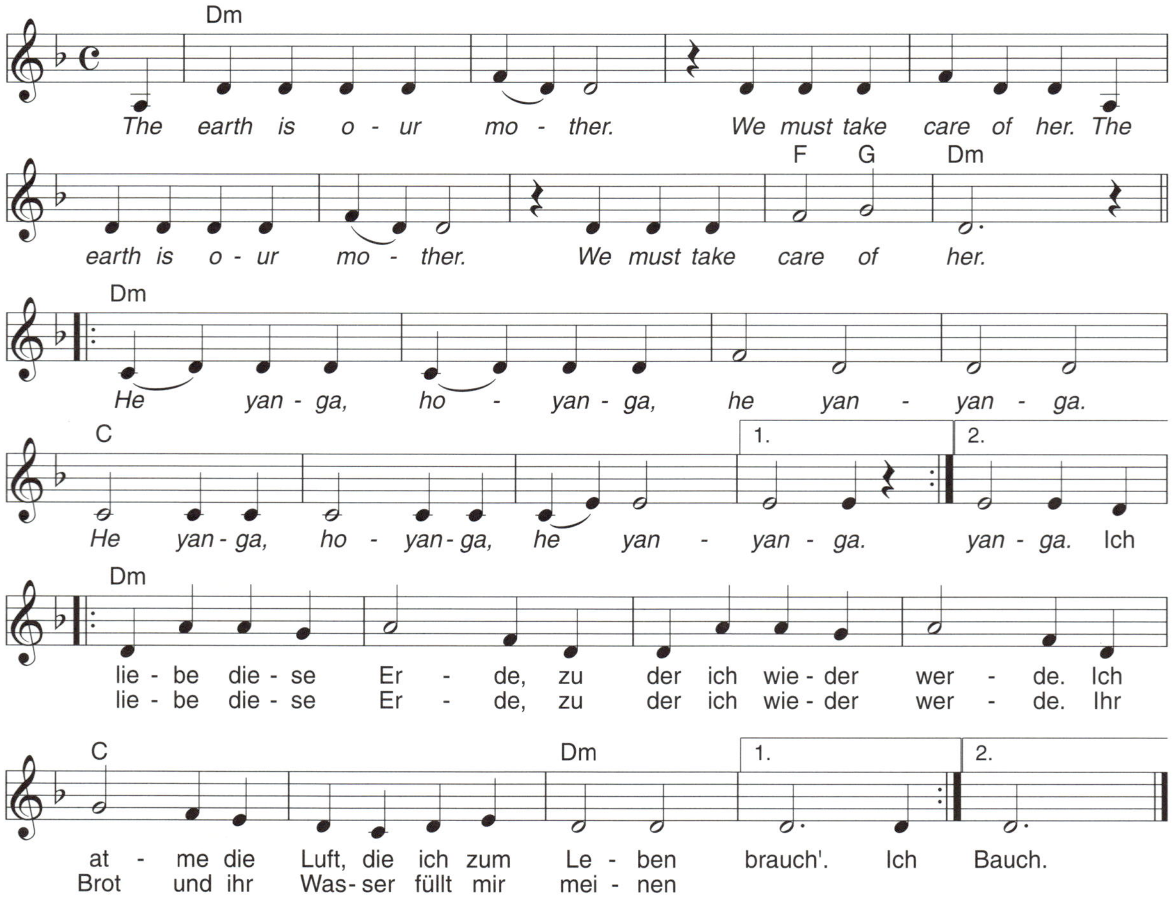

Dm
The earth is o - ur mo - ther. We must take care of her. The
F G Dm
earth is o - ur mo - ther. We must take care of her.
Dm
He yan - ga, ho - yan - ga, he yan - yan - ga.
C
He yan - ga, ho - yan - ga, he yan - yan - ga.
1. 2.
yan - ga. Ich
Dm
lie - be die - se Er - de, zu der ich wie - der wer - de. Ich
lie - be die - se Er - de, zu der ich wie - der wer - de. Ihr
C Dm
at - me die Luft, die ich zum Le - ben brauch'. Ich Bauch.
Brot und ihr Was - ser füllt mir mei - nen

Rhythmische Begleitung:
Wir unterlegen das Lied mit einem typischen Indianer-Rhythmus. Wir schlagen gerade Achtel, wobei nur der jeweils erste Schlag eines Taktes, die so genannte Eins betont ist. Zum Üben schlagen wir uns auf die Schenkel und zählen dabei laut bis 8. Bei 1 betonen wir den Rhythmus. Dann stellen wir das laute Zählen ein, zählen aber innerlich weiter und klopfen den Rhythmus auf unseren Schenkeln. Wer ihn beherrscht, spielt auf einer tiefen Trommel.

Singanleitung:
He yanga eignet sich hervorragend für den Einstieg in mehrstimmigen Chorgesang. Nachdem wir nacheinander alle Teile des Lieds gelernt haben, üben wir den He yanga-Part zweistimmig. Dabei singt eine Gruppe der Kinder eine Quinte höher. Wenn die Grundstimme mit einem D beginnt, beginnt die zweite Stimme also mit einem A. Danach unterlegen wir den Strophengesang einzelner Kinder mit dem He yanga-Gesang.

Wenn der Schnee taut

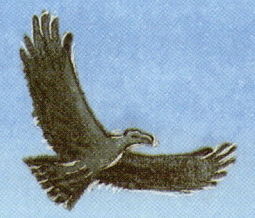

Nr. 14
M.: trad. Peru
T.: U. M. Kindel

Dieses Lied hat meine Frau von einer Reise nach Peru mitgebracht. Die Indios singen und tanzen diesen „Hoffnungstanz“ auf der Straße bei Hochzeiten oder anderen Festivitäten. Die Melodie wurde mündlich überliefert, der Text stammt aus meiner Feder.

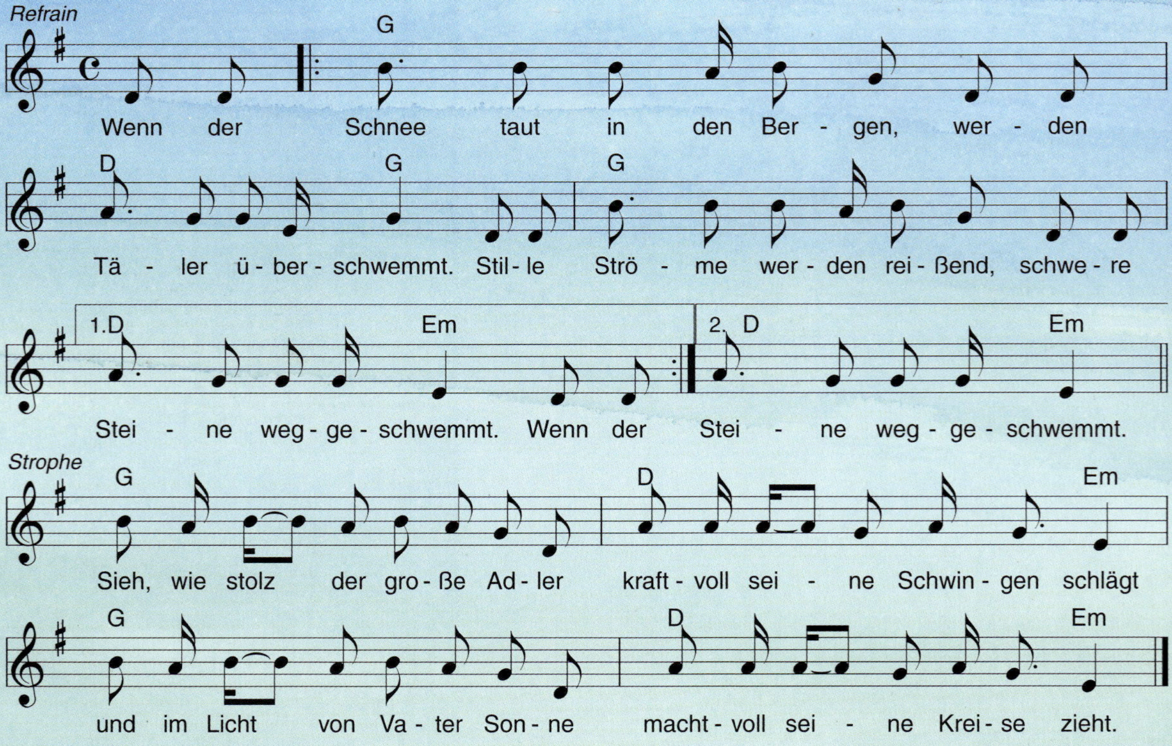
Refrain
G
Wenn der Schnee taut in den Ber - gen, wer - den
D G G
Tä - ler ü - ber - schwemmt. Stil - le Strö - me wer - den rei - ßend, schwe - re
1.D Em 2. D Em
Stei - ne weg - ge - schwemmt. Wenn der Stei - ne weg - ge - schwemmt.
Strophe
G D Em
Sieh, wie stolz der gro - ße Ad - ler kraft - voll sei - ne Schwin - gen schlägt
G D Em
und im Licht von Va - ter Son - ne macht - voll sei - ne Krei - se zieht.

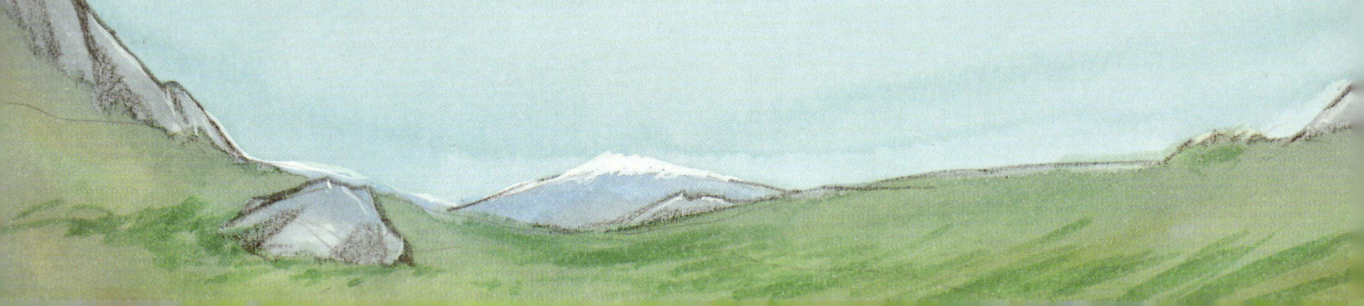

Refrain:
Wenn der Schnee taut in den Bergen,
werden Täler überschwemmt.
Stille Ströme werden reißend,
schwere Steine weggeschwemmt.

1. Sieh wie stolz der große Adler
kraftvoll seine Schwingen schlägt.
Und im Licht von Vater Sonne
machtvoll seine Kreise zieht.

2. Hör den Wind, den Ungestümen,
säuselnd erst sein Lied beginnt.
Wie er heult und ächzt und stöhnt,
als gebäre er ein Kind.

Rhythmische Begleitung:
Mit einer tiefen Trommel und einer Kallebasse oder einem Shaker können wir das Lied einfach begleiten. Da die Melodie rhythmisch sehr bewegt ist, entfaltet ein ruhiger, gerader Rhythmus große Kraft. Für Kinder ist dieses Lied gut geeignet. Sie haben schnell Erfolgserlebnisse, weil eine einfache Begleitung nicht langweilig ist.
Dem Schlag der Trommel auf die Eins und die Drei folgen jeweils zwei Achtel des Shakers oder der Kallebasse. Wir können das Lied auch ohne Instrumente begleiten, nämlich so:

1	**2**	**3**	**4**
Stampf	Klatsch – Klatsch	Stampf	Klatsch – Klatsch

Ein Schöpfungsmythos aus Australien

Die Aborigines, so werden die Ureinwohner Australiens genannt, erzählen sich, dass der Regenbogen am Himmel Teil einer riesigen Schlange ist, die unter der Erde in großen Höhlen wohnt. Sie wird Lumuru genannt, die Regenbogenschlange.
In der Traumzeit, als es noch keine Lebewesen gab, hat die riesige Schlange die Erdkruste durchbrochen. Gewaltige Berge, Täler und Schluchten entstanden so in der Wüste. Das Wasser aus ihren unterirdischen Höhlen ergoss sich in Seen und Flüsse. Ihr riesiger Schlangenkörper wanderte über das Land und formte die Landschaft. Da traf sie auf Warramurungundji, unsere Erdenmutter. Von ihrem Kopf hingen große Taschen voll Samen, Zwiebeln, Knollen und jungen Pflanzen mit Wurzeln. Sie wanderte mit ihrem Setzholz über das Land und setzte überall Yams, Bambus, Palmen, Wasserlilien und andere Pflanzen. Die Regenbogenschlange war männlich und Warramurungundji wurde seine Frau. Sie liebten sich und schon bald war der Bauch unserer Erdenmutter voller Lebewesen, unzählige Tiere aller Arten und auch Menschenkinder. Jedes einzelne Wesen gebar die Erdenmutter und schenkte ihm die Eigenständigkeit.
Vater Regenbogenschlange, schenkte den Menschen die Gesetze, wie sie leben sollen. Er schenkt ihnen auch den Regen. Immer wieder zeigt er sich mit seinem riesigen Schlangenkörper am Himmel, damit er von allen Lebewesen gesehen werden kann, die ihm danken wollen.
Wenn die Schamanen der Aborigines Rat brauchen, malen sie sich rot an und suchen Lumuru auf. Da, wo das Ende des Regnbogens die Erde berührt, steigen sie hinab in die Höhle der Regenbogenschlange. Antwort finden sie im Gesang der Regenbogenschlange, im Lied des Regenbogens. Vielleicht klingt er ja wie ein Didgeridoo? Das hat jedenfalls so viele Klangfarben wie der Regenbogen Farbtöne.
(nach einer Dreamtime-Legende der Aborigines, nachzulesen bei: Gerhard Lipold, ONE EARTH SONGS)

Ungala Wé

⦿ Nr. 8
T. & M.: trad. Australien
dt. Text: U. M. Kindel

Un - ga - la, un - ga - la wé, un - ga - la wé la pol - ma,
un - ga la wé, der Re - gen - bo - gen singt.
   sein Re - gen - bo - gen - lied.
Du bist mein Bru - der, du mei - ne Schwes - ter.
Him - mel und Er - de, die ha - ben uns ge - bor'n.

Ungala, ungala wé,
ungala wé la polma.
Ungala wé, der Regenbogen singt.
Ungala, ungala wé,
ungala wé la polma.
Ungala wé, sein Regenbogenlied.

Du bist mein Bruder,
du meine Schwester.
Himmel und Erde,
die haben uns gebor'n.

Rhythmische Begleitung:
Eine einfache, aber sehr effektive rhythmische Begleitung praktizieren wir im Kinderwaldchor. Eine Gruppe von Kindern übernimmt den Rhythmus der Worte: „Du bist mein Bruder." Er wird geklatscht, getrommelt oder mit Klanghölzern (englisch: sticks) gespielt. Wird er konsequent unter das Lied gelegt, entstehen interessante rhythmische Verschiebungen.

RITUAL- UND GEMEINSCHAFTSLIEDER

Warum sind Rituale wichtig?

Was ist ein Ritual? Das Kerzenauspusten bei der Geburtstagsfeier zum Beispiel, aber auch das pünktliche Einschalten der Tagesschau. Am Morgen ist es der Kaffee im Bett oder das Ei zum Frühstück. Es gibt viele Rituale in unserem Alltag. Oft sind wir uns darüber gar nicht bewusst.
Es gibt sehr gewichtige Rituale, der runde Geburtstag der Großtante oder der obligatorische Besuch der Schwiegereltern am ersten Weihnachtstag. „Muss das sein?", fragen wir uns manchmal. Wir fühlen uns bedrängt und zu stark eingebunden.
Typische Situationen, für die wir Rituale haben, sind Umbruchsituationen wie Begrüßung und Abschied. Auf unser Leben bezogen sind das Geburt und Tod. Das Händeschütteln und das Gute-Nacht-Küsschen, die Taufe und die Beerdigung. Rituale helfen uns, sie geben uns Sicherheit und das Gefühl, nicht allein zu sein. Alles hat seine Ordnung auch im Wandel.

Kinder lieben und brauchen Rituale. Der Alltag wird durch sie rhythmisiert. Das macht das Leben für Kinder überschaubarer. Regelmäßige Essenszeiten sind daher sehr wichtig. Wir dürfen als Erwachsene nicht vergessen, dass für Kinder vieles so neu und noch nie erlebt ist und sie einer ungeheuren Informationsflut ausgesetzt sind. Das ist der Hauptgrund warum sie Wiederholungen lieben. Viele Eltern berichten, dass seitdem ihr Kind die Repeat-Taste des CD-Players gefunden hat, ein Lied den ganzen Tag über gespielt wird. Die Eltern tun mir Leid. Aber warum tut das Kind das? Es entspannt mit dem Bekannten.

Rituale sind mit Bedeutung aufgeladenes Geschehen. Das Abendmahl in der Kirche ist das genauso wie das Klopfen auf Holz. Das magische Denken der Kinder kreiert eigene Rituale. Sind es in den ersten Lebensjahren Gegenstände wie Schnuller, Schmusedecken oder der Lieblingsteddy, die magisch besetzt werden, so besetzen sie mit zunehmendem Lebensalter Situationen. Die warme Mahlzeit mit ihrem Lieblingsessen, das Toben vor dem Zubettgehen, das sich Einsperren mit einer Märchenkassette, das Kuscheln am Morgen, aber auch das Erobern des Lieblingsspielgeräts im Kindergarten, das regelmäßige Trödeln nach der Schule. Das alles ist mit Bedeutung aufgeladen und wir Erwachsenen dürfen das nie vergessen.

Starke Rituale sind Abläufe, in die wir uns fügen. Wir nehmen teil, wir erleben uns in der Gemeinschaft. Manchmal stehen wir im Mittelpunkt wie beim Geburtstagsständchen, das uns gebracht wird. Meistens richten wir uns auf den Mittelpunkt aus, tragen bei, dienen und empfangen als Mitglied der Gemeinschaft. Wir sind zugehörig, verbunden. Das gilt für die Familie, aber nicht umsonst spielen Rituale in allen Religionen eine zentrale Rolle. Alle starken Rituale können auf das Singen nicht verzichten. Feierlichkeit wird durch Musik und Singen vermittelt. Man schwingt gemeinsam. Das Singen fördert die Kraft eines Rituals. Und Rituale sind ein guter Grund, mal wieder gemeinsam zu singen.

Alle diese Betrachtungen erklären mir, warum die Kinder bis ungefähr 9 Jahre es lieben, wenn wir am Kinderwaldschild, dem Eingang in den Kinderwald, mit glimmenden Salbeistängeln geräuchert werden, damit wir nicht mehr nach Mensch riechen. Wie gern sie sich jeden Morgen schmücken und verkleiden, schminken und sich einen Waldnamen ausdenken. Wie gern sie singen bei der Ankunft oder unterwegs im Wald. Die Rituale helfen ihnen vom Stadtkind zum Waldkind zu werden. Für die Zeit im Wald schlüpfen sie in eine andere Rolle. Sie spielen und erleben anders und sie sind Teil einer Gemeinschaft, die sie schützt und behütet.

Bei Kindern, die älter sind als 9 Jahre, sieht es anders aus. Sie erleben Rituale oft als einengend und albern. Der Individuationsprozess hat eingesetzt. Aber solange Kinder in Ritualen Geborgenheit finden und sich daran freuen, sollten wir sie dabei unterstützen. Es stärkt sie und ihr Ja zum Dabeisein und sich Einbringen. Die Zeit des Nein-Sagens kommt früh genug und ist genauso willkommen zu heißen. Doch nur wer ein starkes Ja entwickelt hat, ist reif für ein starkes, selbständiges Nein. Das gilt besonders für Kinder im Kindergartenalter. Geben wir ihnen gute, nährende Rituale und lassen wir sie eigene gestalten. Kreativ und humorvoll sollten sie sein und unbedingt das Singen nicht vergessen!

Beispiele für Rituale sind:

Eine bestimmte Geste
Alle nehmen den Daumen hoch. Wenn einer fragt: „Alles Banane?" lautet die Antwort der anderen Kinder: „Alles Banane!"

Ein lustiger Gruß
„Halli, Hallo, Hallöchen! Wir wackeln mit den Pöchen!" Wir reichen uns die Hand und wackeln mit dem Po.

Ein Begrüßungslied und ein Abschiedslied
Siehe „Unser Kreis, der sei offen" (S. 73)

Die Blaue Stunde
Einmal am Tag dürfen Kinder eine Stunde lang nur das tun, was sie möchten. Einzige Regel: Sie müssen die Bedürfnisse der anderen Kinder respektieren.

Kindergeburtstag im Wald
Eine tolle Sache ist es, Kindergeburtstag im Wald zu feiern. Eine Vorhut bereitet alles liebevoll vor. Ein geeigneter Platz mit einem schönen Baum wird gesucht. Stellt sich das Gefühl ein, an diesem Ort willkommen zu sein, schmückt die Vorbereitungsgruppe den Baum mit Bändern, Blumen und Girlanden. Gute Wünsche auf kleinen Papierrollen und Geschenke hängen in den Ästen unseres Baumes, am besten so, dass das Geburtstagskind sie gut erreichen kann. Ein Picknick wird aufgebaut und ist alles vorbereitet, bringen wir das Geburtstagskind mit Musik und Gesang zum Festbaum. Alle Geburtstagsgäste können sich als Waldgeister verkleiden und es wird gesungen, getanzt und gespielt. Zum Beispiel das Feia Cetong-Spiel (siehe Seite 38 f.). Sie können auch ein Baumtipi oder eine Hexenhütte aus Trockenholz bauen und darin den Kuchen verspeisen.
Das Geburtstagskind kann sich auf eine mitgebrachte Decke setzen. Dann fassen alle gemeinsam am Rand der Decke an und wenn alle kräftig ziehen, wird unser Ehrenkind für jedes Lebensjahr einmal in die Luft geworfen.
Achtung, gut festhalten, damit es nicht auf dem Po landet!
Erwachsene dürfen nicht mitmachen, die sind zu alt und zu schwer.

Geburtstagslied

◉ Nr. 15
T. & M.: U. M. Kindel

Geburtstagslieder dürfen nicht lange dauern, sonst muss das Geburtstagskind zu lange auf die Geschenke warten. Also, diesmal gibt es keine Spiel- oder Tanzanleitung. Einen Tipp kann ich mir aber nicht verkneifen: Erst Kerzen ausblasen und dann den Mund voll Kuchen stopfen. Nicht umgekehrt!

Wir freu'n uns so, dass es dich gibt,
dass du geboren, vom Storch verloren.
Wir freu'n uns so, dass es dich gibt.
Herzlichen Glückwunsch, Geburtstagskind!

Tag für Tag zieh'n wir durchs Leben.
Tag für Tag von Moment zu Moment.
Lasst uns genießen und feiern das Leben,
jeder Tag ist ein Geschenk.

Jahreszeitenfeste

Jahreszeitenfeste rhythmisieren das Jahr. Wie große Fußstapfen erinnern sie uns daran, dass ein Jahr nicht lang ist und dass das, was zu tun ist, rechtzeitig erledigt wird.

Frühlingsfest

Nach den kalten Monaten sind ab März die Kinder wieder mehr im Wald und auf dem Gelände. Das Frühjahr ist Pflanzzeit und viele neue Bäume werden zusammen mit den Kindern gesetzt. Es ist eine Freude, wenn der Frühling wieder Einzug hält im Wald. Das Frühlingsfest steht am Ende der ersten Pflanzperiode des Jahres und läutet eine Vielzahl von Waldwochen und Aktionen im Wald ein. Eine Schatzsuche ist eine tolle Idee für unser Fest im Frühling. Wir brauchen eine Schatzkarte, die wir am besten in einer Flaschenpost irgendwo im Wasser finden. Darauf sind mehrere Stationen verzeichnet, bei denen Aufgaben zu erledigen sind, bis schließlich die Stelle gefunden wird, wo der Schatz vergraben ist. Jetzt den Spaten raus und graben. Was sich in der Schatzkiste befindet, ist natürlich eine Überraschung. Besser als Süßigkeiten sind in jedem Fall kleine bunte Glassteine. Doch bitte nur einen pro Kind ausgeben, sonst verlieren sie ihren Wert. Der Vorteil einer Schatzsuche ist, dass uns auch bei kaltem Wetter durch die Bewegung warm wird.

Sommerfest

Das Sommerfest am Ende des Schuljahres ist vor allem für die Kinder wichtig, die in die Schule kommen oder die Schule wechseln. Für sie beginnt mit dem Ende des Schuljahrs eine neue Zeit. Das Sommerfest ist aber nicht nur ein Abschiedsfest, auch wenn im Laufe des Festes daran erinnert werden sollte. Die Ferien stehen vor der Tür und die Kinder freuen sich darauf. Das Fest dauert den ganzen Tag. Schon am Vormittag kommen Kindergartengruppen und Schulklassen und nehmen die vielen Werkstattangebote wie *Töpfern, Nistkästen bauen, Baum fällen und flößen,* oder *Waldschmuck basteln* wahr. Nach einem großen Picknick erwarten alle gespannt den Nachmittag mit einem tollen Bühnenprogramm im Wald. Beim Mitmach-Waldmusikfest stehen Kinder mit einem vorbereiteten Lied auf der Bühne verkleidet als Trolle, Elfen und Zwerge oder mit wunderschönen Baummasken, manche mit Musikinstrumenten oder Trommeln. Eine Musikgruppe begleitet die zur Kassette geprobten Lieder live. Ein großes Zelt ist sowohl bei prasselndem Regen als auch bei sengender Hitze von Vorteil. In jedem Fall für Schatten und Getränke sorgen.

Lichterfest

Am 11. November, dem Martinstag, feiern wir das Lichterfest. Viele Kinder und Eltern ziehen mit Laternen durch den mit Lichtern geschmückten Wald. Auf einer Lichtung im Wald stärken sie sich mit Stockbrot und dampfenden Esskastanien und wärmen sich am Punsch vom Waldofen. Lichtertänze werden getanzt und die Kinder singen Laternenlieder. Es gibt viele Bewegungsangebote wie Sackhüpfen auf einer mit Kerzen in Marmeladengläsern erleuchteten Bahn, Tauziehen, Seilspringen und Übers-Feuer-Hüpfen. Manchmal springt der Zwerg Sinoffel aus dem Gebüsch, um die Kinder zu erschrecken. Die freuen sich aber eher über den gern gesehenen Gast. Dieses Fest ist ein Höhepunkt des Jahres. Denn jetzt ist wieder Pflanzzeit und, anstatt hinter dem Ofen zu verschwinden, treffen sich Kinder und Erwachsene bei Wind und Wetter draußen, um Bäume zu setzen. Das Lichterfest ist der Startschuss und viele kleine und große Pflanzfeste folgen.

Wir tragen ein Licht

Nr. 11
T. & M.: U. M. Kindel

Dieses Lied ist nicht nur ein Laternenlied. Es ist auch ein Lied für Lichterketten und andere Friedensdemonstrationen. Traditionell erklingt es bei unserem Lichterfest im Kinderwald zum Martinstag am 11. November.

Wir tragen ein Licht durch die Dunkelheit,
singen ein Lied, um uns Mut zu machen. Ist unser Lichtlein auch noch so klein, wir sind ein Lichtermeer.
Frieden auf Erden, nie wieder Krieg.
Hoffnung den Kindern, und dass es Brot für alle gibt.

Eine Lobby für Kinder

Kinder und Bäume haben viel gemeinsam. Sie brauchen Platz, Licht, Luft, Nahrung und ein Umfeld, das liebevoll für sie sorgt. Beide haben keine Macht und sie brauchen eine Lobby. Menschen, die sich für sie und ihre Bedürfnisse einsetzen.

Das Projekt Kinderwald finanziert sich aus städtischen Geldern, aus Mitteln des Arbeitsamtes und aus Spendengeldern. Der Großteil der eingesetzten Finanzen für pädagogische und künstlerische Maßnahmen stammt aus Stiftungsgeldern. Ein Eigenanteil wird erhoben, ist aber bei Waldwochen und Waldwerkstätten, die professionell begleitet werden, nicht sehr hoch bemessen. Die Haushaltssituation der beteiligten Kindertagesstätten ist sehr eng.

Von der niedersächsischen Landesregierung geplante Kürzungen der Leistungen im Kindertagesstättenbereich stießen auf großen Widerstand der Betroffenen. Landesweit bildete sich eine Initiative unter Beteiligung der Kirchen, Wohlfahrtsverbände, verschiedener freier Träger und der Gewerkschaften als Bündnis gegen die Streichung der Mindeststandards in den Kindertagesstätten. In Hannover fanden zwei Großdemonstrationen mit über 20.000 Kindern, Eltern und Erzieherinnen statt und sogar ein Volksbegehren wurde auf den Weg gebracht. Mit unserem Lied „Nicht kürzen bei den Kurzen!", das wir unterwegs und auf der zentralen Bühne wieder und wieder spielen mussten, gaben wir den Demonstrationen und den Journalisten ein eingängiges Motto. Obwohl das Lied auf der CD von Samba da minha aba, einer professionellen Samba-Gruppe eingespielt wurde, hoffen wir bei den nächsten Demonstrationen auf viele singende und trommelnde Kinder und Erwachsene.

Nicht kürzen bei den Kurzen!

Demo-Lied und Samba Nr. 16 T. & M.: U. M. Kindel

Nicht kür-zen bei den Kur-zen! Nicht kür-zen bei den Kur-zen! Nicht kür-zen bei den Kur-zen! Sie sind schon klein ge-nug. Nicht kür-zen bei den Kur-zen! Nicht kür-zen bei den Kur-zen! Nicht kür-zen bei den Kur-zen! Sie sind schon klein ge-nug.

Hey, hört mal her! Hey, ihr da o-ben!
Hey, hört ihr schwer: Nicht spa-ren bei den Kin-dern.

Samba für Kinder

Es ist ganz einfach ein Samba-Orchester zusammenzustellen. Alles, was gebraucht wird, sind alte Kaffeedosen, Gurkeneimer, kleine und große Blechdosen, Farbpötte, Joghurtbecher, Filmdosen und Stöcke, am besten Rundholz vom Baumarkt.
Waschmittel-Trommeln sind nicht so geeignet, die gehen zu schnell kaputt.
Außerdem brauchen wir natürlich alles mögliche zum Bekleben und Bemalen der Instrumente, damit sie schön aussehen. Wir brauchen Stoffreste oder Seil für die Tragegurte und eine Sambalehrerin.

Zunächst bauen wir die Instrumente:
- Aus den großen Plastik-Eimern werden Trommeln zum Umhängen.
- Aus den verschiedenen Blechdosen werden unterschiedlich klingende Perkussionsinstrumente.
- Filmdosen und Joghurtbecher, mit Reis oder Linsen gefüllt und anschließend fest verschlossen, sind wunderbare Rasseln.
- Rundhölzer sägen wir uns zurecht, damit wir genug Trommelstöcke haben.

Sind die Instrumente fertig, geht das Üben los.

Zuerst üben wir Rhythmusfiguren ohne Instrumente, nur mit unserem Körper. Bevor wir mit den richtigen Samba-Rhythmen beginnen, kann die Gruppe improvisieren.
Die Gruppe steht im Kreis. Jeder denkt sich einen Rhythmus aus und klatscht ihn vor. Die Gruppe wiederholt ihn. So lernen wir, was eine Rhythmusfigur ist. Wir lernen, gemeinsam zu grooven, wechseln vom linken auf den rechten Fuß und zurück und schwingen uns so ein.

Die Sambalehrerin geht in den Kreis und stellt sich vor einem Kind auf. Sie macht eine rhythmische Figur vor, die das Kind wiederholt. Wird die Figur vom Kind richtig wiedergegeben, wechselt die Sambalehrerin zum nächsten Kind. Wenn alle Kinder dran gewesen sind, wird die Rhythmus-Figur von der ganzen Gruppe mehrfach gemeinsam gespielt.

- Die erste Rhythmusfigur ist:

1	und	2	und	3	und	4	und
Klatsch	–	Stampf (re.)	–	Stampf (li.)	–	(Pause)	–	(Pause)	–

- Dann wird die Rhythmus-Figur erweitert und erst einzeln und dann mit der Gruppe geübt.

1	und	2	un – te	3	und	4	und
Klatsch	– Stampf (re.)	– Stampf (li.)	Klatsch – Klatsch	(Pause)	–	(Pause)	–

- Jetzt üben wir den Le – berwurst – Rhythmus, der klingt, wie wenn ein Kind hüpft:

1	un – te	2
Le	– ber	– wurst

- Wir fügen diese Figur in den bisherigen Rhythmus ein:

1	und	2	un – te	3	un – te	4	und
Klatsch	– Stampf (re.)	– Stampf (li.)	Klatsch-Klatsch	Le	– ber	wurst	–

1,2,3,4 = Viertel; und = Achtel; un-te = zwei Sechszehntel

Im nächsten Schritt übertragen wir den Rhythmus auf die Instrumente. Welche Spielweise klingt tief wie das Stampfen, was klingt hoch wie das Klatschen und wer darf den Le – berwurst – Rhythmus spielen?
Wenn wir auf den Rand unserer Dose oder unseres Eimers klopfen, klingt das höher, als wenn wir in die Mitte schlagen. Hier klingt es dunkler.
Also spielen wir unseren Anfangs-Rhythmus jetzt so:
Seite – Mitte – Mitte – Seite – Seite.

Der „Leberwurst-Rhythmus" wird von den tiefen Eimern, von irgendeiner kleinen Glocke oder von allen gespielt. Ganz so, wie es gefällt. Probiert aus, was ihr am besten findet. Aber achtet darauf, dass er an der richtigen Stelle eingespielt wird.
Wenn es euch hilft, könnt ihr ja innerlich den Satz mitsprechen:
Was – mag – ich – so gern? – Le-ber-wurst!

Für die Rasseln eignet sich der Rhythmus nicht so gut. Die spielen gleichmäßige Achtel: „rischelraschelrischelraschel" – vor und zurück. Das sieht leichter aus, als es ist. Also, gut üben. Denn mit Rasseln wird unser Samba richtig groovy.
Eine ganz tiefe Trommel schlägt am besten gerade Viertel:
Bum – Bum – Bum – Bum.
Spielt den Rhythmus einmal zum Lied: „Nicht kürzen bei den Kurzen". Das passt hervorragend. Bei der nächsten Kinder-Demo spielt dann das Samba-Orchester – und ab geht die Luzie!

Kinderbeteiligung – Ein Kommentar

„Die wollen wohl auch ein bisschen mit uns angeben!" Das sagte ein Kind einem Reporter in Berlin. Das Mädchen war im Rahmen einer Aktion des Deutschen Kinderhilfswerks mit anderen Kindern in den Reichstag eingeladen worden, um eigene Interessen und Bedürfnisse zu diskutieren und sie anschließend dem Bundestagspräsidenten und Bundestagsabgeordneten vorzutragen. Kindermund tut Wahrheit kund.

Auch vom Projekt Kinderwald waren Kinder dabei. Der Kinderwald ist ein Kinderbeteiligungsprojekt und für unsere Kinder und ihre Betreuer war es interessant, engagierte Kinder aus anderen Projekten zu treffen.
Kinderbeteiligung ist zum Schlagwort geworden. Ganze Kampagnen wie in Schleswig-Holstein werden initiiert, um Kindern mehr Rechte bei der Gestaltung ihrer eigenen Lebensumwelt zu gewähren. Frühzeitig sollen sie eingebunden werden in Planungs- und Entscheidungsprozesse, die sie betreffen. So soll der Politikverdrossenheit, wie sie zunehmend bei Jugendlichen und jungen Erwachsenen zu beobachten ist, ein Riegel vorgeschoben werden.

Positiv zu sehen ist der Versuch, der Nichtbeachtung von Kindern entgegenzutreten, Partei zu ergreifen für die, die keine Lobby haben und dennoch ernst zu nehmen sind.
Wir brauchen Kinderbeteiligung am gesellschaftlichen Geschehen, dort wo Kinder leben, aber auch dort, wo Entscheidungen über sie und ihre Zukunft getroffen werden. Kinder sind reif dazu. Es ist Zeit.

Wie können wir Kinder mehr beteiligen?

Auch Beteiligung muss geübt werden, von Kindern genauso wie von Erwachsenen. Kinderbeteiligung ist keine technokratische Methode, auch ein moralischer Anspruch ohne konkretes Konzept hilft nicht weiter. Pädagogik ist immer dann nah dran an der Kinderbeteiligung, wenn sie gute Rahmenbedingungen schafft.

Das bedeutet konkret:
1. Kinder wollen von sich aus entscheiden.
2. Kindern wird reale Entscheidungskompetenz ermöglicht, d.h. der Entscheidungsrahmen ist so abgesteckt, dass er die Kinder altersmäßig nicht überfordert und dass ihnen Spielraum und Grenzen im Entscheidungsprozess klar werden.
3. Kindern wird das Recht und die Macht zugestanden, Fakten zu schaffen.
4. Die Kinder haben wie jeder erwachsene Entscheidungsträger das Recht auf Irrtum und auch die Pflicht, ihre Entscheidung zu verantworten und die Folgen zu tragen.
5. Erwachsene und Institutionen verpflichten sich, Entscheidungen innerhalb dieses Entscheidungsrahmens zu respektieren und unverzüglich umzusetzen, da Kinder einen ursächlichen Zusammenhang zwischen ihren Entscheidungen und den Folgen nur in zeitlicher Nähe nachvollziehen können.

Dieses theoretische Modell ist für überschaubare Projekte wie zum Beispiel für die gemeinsame Gestaltung des Außengeländes geeignet, kann aber auch in viel kleinerem Rahmen geübt werden.
Im Kindergarten und in der Schule fällen Erwachsene ständig Entscheidungen, die Kinder betreffen. Oft ist uns das als PädagogInnen gar nicht bewusst.

Mögliche Beteiligungsfelder im Kindergarten und in der Grundschule sind: Raumgestaltung, Essenspläne, Aktionsplanungen, Gruppenzusammensetzung, Anschaffungen, Kulturprogramm, usw.

Es ist Zeit

Refrain:
Ja, dann haben all die Sträucher nicht umsonst für uns geblüht
Und das Funkeln all der Sterne hatte Sinn.
Ja, dann war es nicht vergebens, dass der Bach sich runterstürzt
Und der Baum sich beugt und aufbäumt mit dem Wind.
Es ist Zeit.

Es ist Zeit, dass die Menschen Tiere schätzen und nicht quälen.
Es ist Zeit, dass wir das Leben respektieren.
Es ist Zeit, dass in der Stadt für uns mehr Spielplätze entstehen.
Es ist Zeit, dass es nicht nur noch Autos gibt.

Wir haben lang genug gewartet. Es ist Zeit.
Die Zeit der Rast ist nun vorbei. Es ist Zeit.
Die Karawane ist gestartet. Es ist Zeit.
Und willst du mit, mach dich bereit.

Es ist Zeit, dass wir Wohnungen statt Supermärkte bauen.
Es ist Zeit, dass der Schulhof schöner wird.
Es ist Zeit, dass böse Menschen keine Drogen mehr verkaufen.
Es ist Zeit, dass man aufeinander hört.

Es ist Zeit, dass Hannover ein neues Stadion bekommt.
Es ist Zeit, dass unsre Stadt sauber wird.
Es ist Zeit, dass Religionen sich begegnen und verstehen.
Es ist Zeit, dass nicht so viel verschwendet wird.

Die Texte sind von SchülerInnen einer 4. Klasse der Fichteschule, einer Grundschule in Hannover-Hainholz, die den Satzanfang „Es ist Zeit, dass ... " ergänzt haben. Hier eine Strophe von den „Erdenkindern":

Es ist Zeit, dass die Lehrer in der Schule netter werden.
Es ist Zeit, dass sie lernen, zuzuhör'n.
Es ist Zeit, dass sie nicht mehr so viel meckern mit uns Kindern.
Es ist Zeit, dass sie uns die Welt erklär'n.

BETRACHTUNG
Kinderzeit und Waldzeit

*Es hat alles seine Zeit
und alles Tun unter dem Himmel
hat seine Stunde.
Geboren werden hat seine Zeit,
Sterben hat seine Zeit,
Pflanzen hat seine Zeit,
und Ernten hat seine Zeit.
Behalten hat seine Zeit,
Wegwerfen hat seine Zeit,
Lachen hat seine Zeit,
Weinen hat seine Zeit.*
                    Prediger Salomo (Altes Testament)

*„Noch dreimal schlafen,
dann bin ich so... alt",*
sagte der Steppke und streckte mir vier Finger entgegen.

„Bald wird hier ein Wald sein",
sagte der Förster und meinte damit den Zeitraum von ungefähr 30 Jahren.

Das Zeitempfinden der Kinder und das der Forstleute könnten unterschiedlicher nicht sein. Kinder leben sehr im Moment. Ein Förster denkt in Zeitrhythmen, die selbst uns normalen Erwachsenen selten in den Sinn kommen. Nicht umsonst hat der Gedanke der nachhaltigen Entwicklung, wie er von der Agenda 21, dem weltweiten Aktionsplan für das 21. Jahrhundert, postuliert wird, seinen Ursprung in der Forstwirtschaft. Das Denken und Handeln der Forstleute unterliegt dem Rhythmus der Natur. Man kann nicht an den Blättern der Bäume ziehen, um ihr Wachstum zu beschleunigen. Die „Wald-Macher" müssen sich dem Tempo des Waldes beugen. Förster denken in Jahren und Jahrzehnten. Diese erzwungene Langsamkeit im Vergleich zu einer immer schnelllebiger werdenden Zeit, die von der Machbarkeit geprägt ist, trägt eine große Chance in sich. Sie fördert die Achtung und die Sensibilität für das, was heranwächst und sie erinnert uns an die Wahrheit, dass das Gewachsene einen anderen Wert besitzt als das Gemachte. Es ist dieselbe Achtung und Sensibilität, die wir unseren „heranwachsenden" Kindern schulden und die wir an sie weitergeben sollten.

Kinder haben nicht die Lebenserfahrung, die ihnen das Denken in Jahren oder gar Jahrzehnten erlaubt. Sie denken in Zeitkategorien wie „dreimal schlafen" oder „überübermorgen". Wenn wir ihnen Naturerfahrungen ermöglichen, dann sind auch sie in der Lage zu spüren und zu begreifen, dass es größere Rhythmen gibt als die, die sie bereits kennen.

Das eigentlich Großartige ist aber, dass Kinder mit ihrer Fähigkeit, im Moment zu sein, mit ihrer Spontaneität, ihrer Unbefangenheit und ihrer kindlichen Neugier uns Erwachsene an die Zeit erinnern, in der wir genauso lebendig waren, aufgeschlossen und fragend. So lernen wir von den Kindern. Insofern sind die Kinder natürlicher, näher dran an der Natur. Vielleicht tut das auch dem Wald gut. Kinderwald – ein Wald für die Kinder und die Kinder für den Wald.

Minutenlied

⊙ Nr. 10
T. & M.: U. M. Kindel

Dieses Lied, das ist das Gute, dauert grad mal 'ne Minute.
Bisschen „pling" und bisschen „plong". Ruck-zuck ist die Minute um.
'ne Minute ist ganz schön lange. Manometer! Manomann,
ist die lang und deshalb fangen wir noch mal von vorne an:
Dieses Lied, das ist das Gute, dauert grad mal 'ne Minute.
Bisschen „pling" und bisschen „plong". Ruck-zuck ist die Minute um.

Begleit-Ostinato: F G A C' D' F' G' A'

Dieses Lied, das ist das Gute,
dauert grad mal 'ne Minute.
Bisschen Pling und bisschen Plong.
Ruckzuck ist die Minute um.

'ne Minute ist ganz schön lange,
Manometer, Manomann,
ist die lang und deshalb fange(n)
ich (wir) noch mal von vorne an.

Dieses Lied, das ist das Gute,
dauert grad mal 'ne Minute.

64

Begleitung:
Der Witz des Liedes besteht darin, dass es wirklich exakt eine Minute lang ist. Man kann mit einer großen Stoppuhr das Tempo trainieren.
Das Ostinato: f   g   a   c'   d'   f'   g'   a'
im ersten Teil wird auf der CD von einer Steeldrum gespielt.
Ein Klavier oder irgendein anderes Melodieinstrument erzielt aber den gleichen Effekt.
Den zweiten Teil unterlegen wir mit Akkorden: F-Dur, B-Dur, C-Dur, F-Dur.

Übrigens: Wenn ein Frühstücksei ins kochende Wasser gelegt wird und gleichzeitig das Minutenlied auf dem CD-Player startet, wird noch viermal die Repeat-Taste gedrückt. Dann ist das Ei beim letzten „Pling" genau richtig!

Mit dem Großvater im Weltraum

Als der erste Satellit, der Sputnik, in die Erdumlaufbahn geschossen wurde, war ich fünf oder sechs Jahre alt. „Opa, haben wir Menschen jetzt den Weltraum erobert?", fragte ich den alten Mann neben mir, der gerade dabei war mir mühsam das Flötenspiel beizubringen. Mein geliebter Großvater schüttelte den Kopf und sagte: „Ach, mein Junge. Du hast wohl keine Lust mehr zu üben. Sonst würdest du doch nicht solche schwierigen Fragen stellen. Na gut, dann machen wir halt Schluss für heute." Er klappte das Notenheft zu und griff nach der Tageszeitung. Gemächlich faltete er sie auseinander, Seite für Seite. Es muss wohl eine Samstagsausgabe gewesen sein, denn ein beachtlicher Stapel türmte sich schon bald auf dem Küchentisch. Wir breiteten die Doppelseiten auf dem Fußboden aus, bis alle Dielen, das Sofa und der Beistelltisch der doch recht großen Küche meiner Großeltern mit Zeitungsseiten bedeckt waren. Selbst unter den Küchentisch war ich gekrochen. Dann legte sich mein Opa zu mir auf die Dielen und platzierte seinen Daumen direkt vor meiner Nase. Er schaute sich um und sagte: „Wenn die Küche der Weltraum ..." Er stutzte. „Ach, sagen wir lieber: wenn die Küche unser Sonnensystem ist, dann ist die Erde ... gerade mal so groß wie mein Daumen."

Ich protestierte heftig, weil ich es nicht glauben wollte, was mir dieser alte Mann da erzählte. Mittags schälte er zwar immer artig Kartoffeln, wenn ihn meine Oma dazu aufforderte. Ansonsten hatte er es ziemlich dick hinter den Ohren. Wollte er mich wieder einmal auf den Arm nehmen? Doch ich kannte ihn gut genug, diesmal war es ihm ernst.

„Wie weit ist denn nun der Sputnik geflogen? Hat er es bis zum Küchenschrank geschafft?", fragte ich neugierig. Da lachte er und deutete wortlos auf den schwarzen Rand seines Fingernagels.

Dann sagte er zwei Sätze, die mir noch heute im Ohr klingen: „Wir Menschen nehmen uns viel zu wichtig. Wir sollten uns um die Erde kümmern." Als Bauer wusste er, wovon er spricht.

Inszenierungs- und Tanzanleitung:
Während ein Kind das Lied singt, blasen die anderen Kinder Seifenblasen und verwandeln die Bühne in ein schillerndes Universum.
Eine andere schöne Idee ist es, die Geschichte zu erzählen oder gar zu spielen und zum Abschluss einen Sternentanz zu inszenieren. Gelbe aufgerollte, etwa 4 Meter lange Stoffbänder symbolisieren das Licht und werden von einer Sonne im Zentrum den Sternenkindern gereicht, die die Sonne umkreisen. So entsteht ein Bändertanz.

Der Sternentanz

Material: 1 Hula-Hoop-Reifen, gelbe Stoffbänder, 1 gelbes Kostüm oder gelber Umhang, 6 – 8 blaue Kostüme oder Umhänge, 1 Sonnenkranz für den Kopf, 6 – 8 Sternenkränze für den Kopf
Zielgruppe: Kinder ab 4 Jahren

- Ein Kind in einem gelben Kostüm oder Umhang mit einem Sonnenkranz auf dem Kopf hockt in sich gekehrt in der Mitte in einem großen Hula-Hoop-Reifen, an dem eine ausreichende Anzahl aufgerollter gelber Stoffbänder angebracht ist.
- 6 – 8 Kinder in blauem Kostüm oder Umhang mit einem Sternenkranz tanzen im Kreis um das Sonnenkind herum. Dabei halten sie sich an den Händen.
- Bei der Textstelle „Da fiel ein Sonnenstrahl…" lösen die Kinder die Handfassung und schreiten langsam auf das Kind in der Mitte zu. Dabei sind die Arme nach vorn gestreckt und die Handflächen zeigen nach oben, als würden die Kinder darin Licht und Wärme bringen.
- Das Kind in der Mitte legt in jede Hand ein gelbes Stoffband und die Kinder gehen langsam rückwärts zurück in ihre Ausgangsposition.
- Fängt das musikalische Zwischenspiel an, dreht sich das entstandene Sonnenrad im Uhrzeigersinn. Dabei schreiten die Kinder in gleichem Abstand auf einer Kreisbahn. Die Stoffbänder bleiben gespannt.
- Das Sonnenkind in der Mitte dreht sich im Hula-Hoop-Reifen, den es dabei rauf und runter bewegt.
- Am Schluss des Liedes bleiben alle Kinder stehen und winken sich zu, ohne die Bänder loszulassen.

Rück doch mal näher

⊙ Nr. 7
T. & M.: U. M. Kindel

Dieses Trostlied ist ein Lieblingslied der Erdenkinder. Es spricht für sich und verbreitet eine andächtige Stimmung.

Rück doch mal nä-her, komm doch mal her, kriech in mei-ne Ar-me, den
Kopf et-was hö-her, sonst bist du zu schwer. Ich ha-be dich so ger-ne.
Manch-mal im Le-ben, da ist's bit-ter-kalt vom Wind, den die Men-schen ma-chen.
Je-der brüllt „Ich!" und nie-mand ruft: „Halt!", da ver-geht ei-nem fast schon das La-chen.

2. Hinter den Wolken ist's noch lang nicht vorbei.
   Dahinter geht's weiter und weiter.
   Wir sind nur ein Fussel im mächtigen All
   und irgendwie stimmt mich das heiter.

Feuer im Wald?

„Rück doch mal näher" ist ein schönes Lied für ein Lagerfeuer.

Aber ein Lagerfeuer im Wald? – dabei ist viel zu beachten.

Die Förster mögen und dulden aus verständlichen Gründen kein offenes Feuer im Wald. Nicht nur in Trockenperioden stellen sie eine große Gefahr für den Wald dar. Durch unsachgemäßen Umgang mit offenem Feuer, durch unbefestigte Feuerstellen, die Schwelbrände erzeugen, oder durch Funkenflug ist schon großer Schaden entstanden. Menschen wurden verletzt von durch Hitze zerplatzenden Steinen. Wir haben den Umgang mit Feuer verlernt. Dabei war es gerade der intelligente Umgang mit Feuer, der die Spezies Mensch von den Tieren unterschied und ihr ein Überleben in wilder Natur ermöglichte.

Das Element Feuer sollte aus der Erlebniswelt der Kinder nicht ausgeschlossen werden. Ein Lagerfeuer zentriert. Da, wo es entzündet wird, entsteht ein Bezugspunkt für die Gemeinschaft. Man trifft sich am Feuer. Es gibt Licht und Wärme. Es riecht. Es raucht und räuchert. Wir sehen wie die Luft in den Flammen tanzt. Beißender Rauch und kalter Rücken, stinkende Klamotten und verstimmte Musikinstrumente. Das alles ändert nichts an der Faszination des Feuers. Gemeinsames Singen gehört genauso dazu, wie andächtiges Schweigen.

Wenn es möglich ist, sollte für die Kinder in der näheren Umgebung eine feste Feuerstelle eingerichtet werden. Das bedeutet, mit den zuständigen Fachleuten und Ämtern Kontakt aufzunehmen, die ihre Zustimmung geben müssen.

Wird eine feste Feuerstelle nicht genehmigt, gibt es die Möglichkeit, um die Erlaubnis zu bitten, in einer halb mit Erde gefüllten Zinkwanne ein Holzkohlefeuer zu machen. Über der Glut kann man auch Stockbrot backen. Als mobile Variante bieten sich auch große, eiserne Grillwannen an.

Immer rundherum

Nr. 18
T. & M.: trad. indianisch, USA
dt. Text: U. M. Kindel

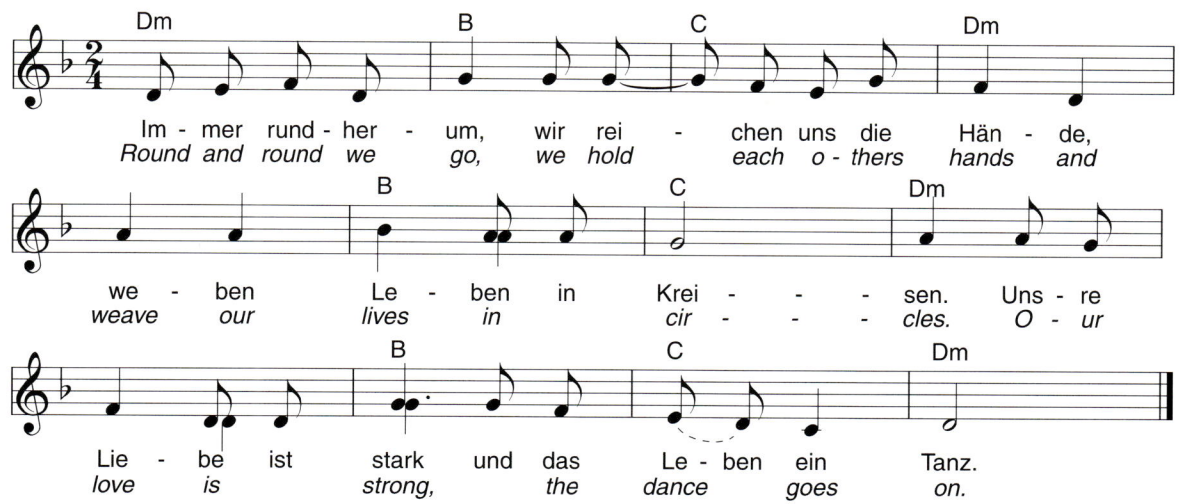

Dm B C Dm
Im - mer rund - her - um, wir rei - chen uns die Hän - de,
Round and round we go, we hold each o - thers hands and
B C Dm
we - ben Le - ben in Krei - - - sen. Uns - re
weave our lives in cir - - - cles. O - ur
B C Dm
Lie - be ist stark und das Le - ben ein Tanz.
love is strong, the dance goes on.

Tanzanleitung:
Für diesen Tanz wird eine gerade Anzahl von TänzerInnen benötigt.
Im Kreis aufstellen und in die Kreismitte schauen.
Jeder Zweite im Kreis kreuzt die Arme und dann fassen sich alle an. Die TänzerInnen bemühen sich den Kreis groß zu machen, aufrecht zu bleiben und ihrem Gegenüber in die Augen zu sehen.

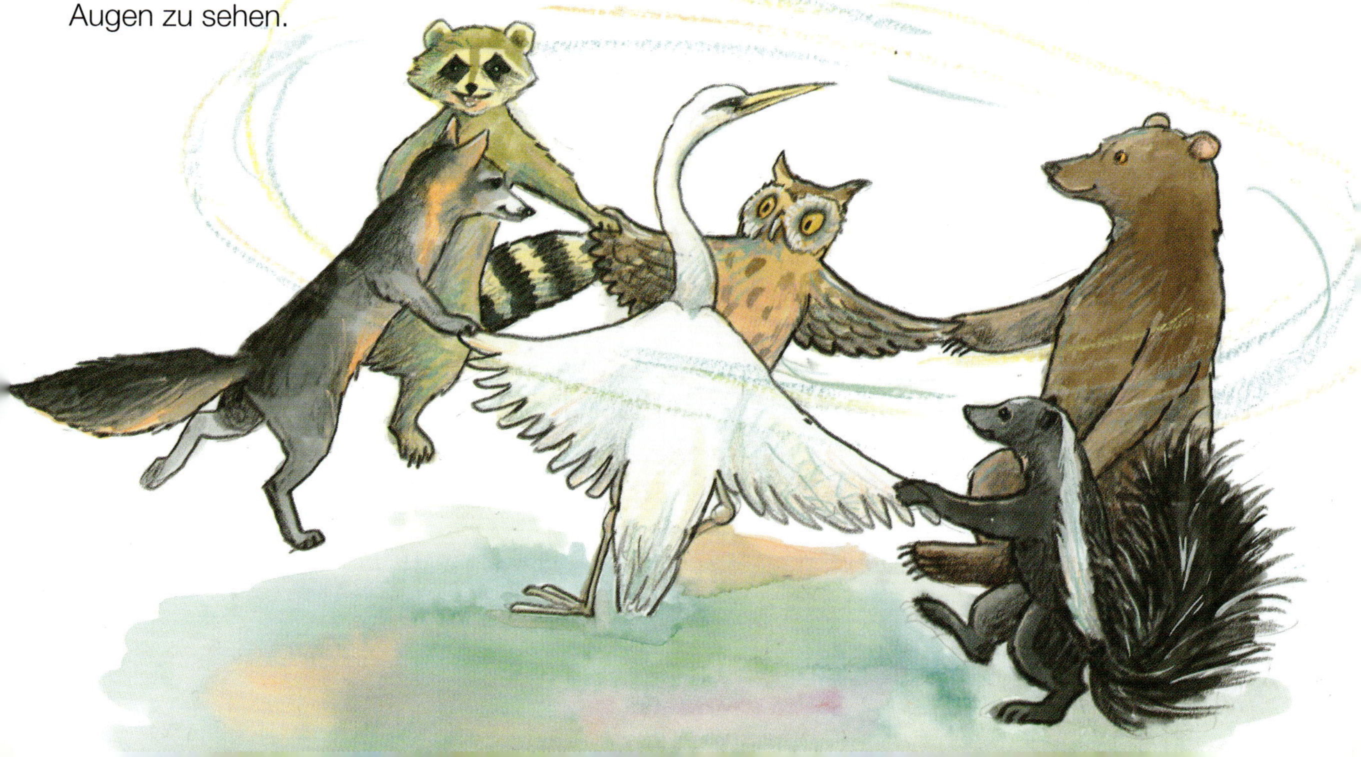

1. Teil:
Der Kreis dreht sich wie ein Rad:
- den rechten Fuß vor den linken setzen,
- den linken Fuß daneben stellen,
- diesmal den rechten Fuß hinter den linken setzen und
- den linken wiederum daneben stellen.

Diese Schrittfolge, auch Mayim-Schritt genannt, solange wiederholen, bis auf Zuruf oder nach Absprache in den zweiten Tanzteil gewechselt wird.

2. Teil:
- die linke Hand loslassen und sich dem Nachbarn zuwenden, dessen rechte Hand wir halten. Die Augen sind jetzt auf die Kreisbahn und nicht mehr auf die Kreismitte gerichtet.
- an diesem Nachbarn seitlich vorbeigehen, dabei die Handfassung lösen und auf den neuen Partner zugehen und ihm die linke Hand reichen.
- Im Weitergehen wieder die Handfassung lösen und diesmal dem Entgegenkommenden die rechte Hand reichen.

So gehen alle immer im Wechsel weiter und singen dazu das Lied.

Es empfiehlt sich, beim Zurückwechseln in den ersten Tanzteil auf die Kreuzfassung zu verzichten und in einer normalen Kreisfassung den Tanz mit der bekannten Schrittfolge zu beenden.

Zum Schluss des Tanzes löst sich ein zuvor ausgewähltes Kind aus dem Kreis, tritt in die Kreismitte und dreht sich mit erhobenen Armen langsam um sich selbst. Die anderen TänzerInnen treten heran und knien nieder. So entsteht das Bild einer Elfe, die im Blumenkelch tanzt.

Unser Kreis, der sei offen

◉ Nr. 1
T. & M.: trad. Wicca-Kult, UK
dt. Text: U. M. Kindel

Dieses Lied wird am Beginn und am Ende einer Zusammenkunft gesungen. Es wurde mündlich überliefert aus der Tradition keltischer weiser Frauen. Aber auch Druiden, die Miraculixe, singen diese alte Melodie.

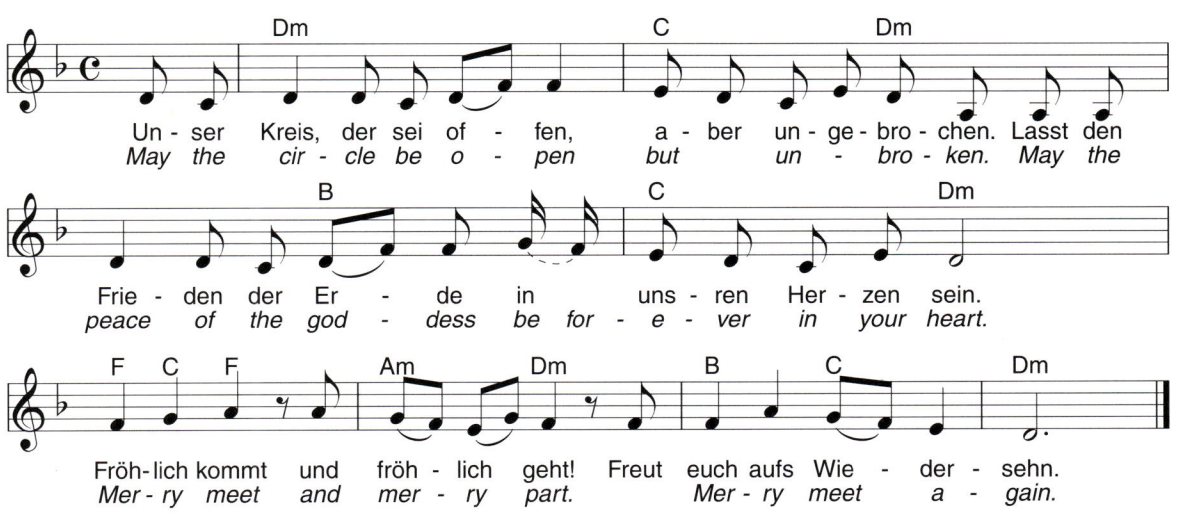

Unser Kreis, der sei offen, aber ungebrochen.
Lasst den Frieden der Erde in unsren Herzen sein.
Fröhlich kommt und fröhlich geht!
Freut euch aufs Wiedersehen.

May the circle be open, but unbroken.
May the peace (song) of the goddess be forever in your heart.
Merry meet and merry part. Merry meet again.

Literaturempfehlungen

Naturerlebnisspiele & Sinneserfahrung

CH WALDWOCHEN: Wald erleben und erfahren – Materialien für Kinder und Jugendliche. Verlag an der Ruhr, 1992

CORNELL, J.B.: Mit Freude die Natur erleben. Naturerfahrungsspiele für alle. Verlag an der Ruhr, 1991

CORNELL, J.B.: Mit Kindern die Natur erleben. Verlag an der Ruhr, 1991

GEIßLER, U.: Jolly Joggers und Lilly Lindes großes, grasgrünes Umwelt-, Spiel- und Spaßbuch. Ökotopia Verlag, Münster, 1993

GREISENEGGER, I. ET AL.: Umweltspürnasen – Aktivbuch Wald. Omnibus Verlag, 1996

KRUMBACH, M.: Larix, Taxus, Betula. Ökotopia Verlag, Münster, 1996

NEUMANN, A. U. B.: Waldfühlungen – Das ganze Jahr den Wald erleben, Naturführungen, Aktivitäten, Geschichtenfibel. Ökotopia Verlag, Münster, 1999

SANDER, U. ET AL.: Stutzen, Staunen, Stöbern – Spiele mit Knud dem Umweltfreund. Ökotopia Verlag, Münster

SAUDHOF, K. & STUMPF, B.: Mit Kindern in den Wald – Wald-Erlebnis-Handbuch. Ökotopia Verlag, Münster, 1998

STADT AACHEN: Ich glaub' ich bin im Wald. Umweltamt, Wilhelmstr. 96, 52070 Aachen

STRAUß, V.: Natur erleben das ganze Jahr. BLV, 1997

Erkunden & Experimentieren

AICHELE, D.: Welcher Baum ist das? Franckh, 1992

GLOOR, E. ET AL.: Mein Waldbastelheft. Ravensburger Buchverlag (Hrsg.), 1995

HARRIS, E.: Wir entdecken und bestimmen Bäume. Meier Verlag, 1990

LEMKE, S. ET AL.: Durch Wald und Flur. Ravensburger Buchverlag (Hrsg.), 1995

NABU, LANDESBUND FÜR VOGELSCHUTZ BAYERN E.V.: Kleine Vogelkunde, aus der Reihe: Natürlich lernen, 1993

NATUR- UND UMWELTSCHUTZ-AKADEMIE DES LANDES NRW (NUA): Natur-Werkstatt für Kinder. Materialheft für eine naturbezogene Bildungsarbeit mit Kindern. Postfach 101051, 45610 Recklinghausen, Tel.: 02361-3051, Fax: 02361-305340

RAVENSBURGER BUCHVERLAG (Hrsg.): Das Leben im Wald. Ravensburger Buchverlag, 1997

Waldmusik

JEHN, M. UND W.: Ich bin der Baum vor deinem Haus – Baumlieder und Baumgeschichten (mit Musikkassette). Worpsweder Musikwerkstatt, 1989

KINDEL, U. M.: Unmada Kinderlieder – Noten, Texte, Spielideen, Unikum Musik, Ostwender Str. 10, 30161 Hannover, 1998

KREUSCH-JACOB, D. & LEMIEUX, M.: Lieder von der Natur. Ravensburger Buchverlag, 1988

LIPOLD, GERHARD: One earth songs. Vlg. El Mutamaku Musik & Buch Versandservice Lipold, Riedlhof 26, A-4760 Raab, 1991

LIPOLD, GERHARD: Songs of the Heart, Vlg. El Mutamaku s.o., 1995

Projekt Kinderwald

BÜSING, UDO: Geländekonzept für das zukünftige Kinderwaldgelände. Projekt Kinderwald Hannover, 1999

LECHLER, S. UND AMELUNG, C.: Begleitheft zum Naturerlebnispfad im Mecklenheider Forst. Projekt Kinderwald Hannover, 2000

STUMPF, B. U.A.: Kinderwald – Ein Wald für Kinder Dokumentation, Projekt Kinderwald Hannover, 2000

WOLTER, BERND MEDIENWERKSTATT LINDEN: „Ich mag die Bäume...", Video-Dokumentation, 30 Minuten, VHS, Projekt Kinderwald Hannover, 1999

Quellenangaben

Lieder:

Text, Musik und Bearbeitung:
Unmada Manfred Kindel

Melodie- und Originalsprachennachweis:
Ungala Wé, trad. Aborigenes, Australien
He yanga, mdl. überliefert von Sun Bear, trad. Indianer, USA
Unser Kreis, der sei offen (Original: May the circle be open), trad. Wicca-Kult, UK
Feia cetong, mdl. überliefert, trad. Indianisches Kinderspiel
Kinderwaldlied (Original: I love the flowers), trad. Kanada
Wenn der Schnee taut, trad. Peru
Immer rundherum (Original: Round and round we go), trad. Indianer, USA

Texte:

Dream-Time-Legende der Aborigenes gefunden bei:
Gerhard Lipold, ONE EARTH SONGS, Verlag El Mutamaku, Raab, Österreich
Dieses Buch ist eine empfehlenswerte Quelle für viele schöne Lieder von Naturvölkern.
Chapati-Rezept nach:
Parvatee & Shankara, Vegetarisch Kochen, Grüner Zweig 75, Verlag Lichtheimat, Pescia, 1981

Waldwerkstätten:

Folgende im Buch beschriebene Werkstätten wurden von den genannten PädagogInnen und KünstlerInnen im Projekt Kinderwald entwickelt, durchgeführt und dankenswerterweise zur Verfügung gestellt:
Anne Schneider (Vogelmasken, Baumgesichter)
Anne und Horst Schneider (Zauberwald)
Silke Krappel (Vogelnestbau, Steinmenschen und Steinspiele)
Birgitta Stumpf (Steinmenschen und Steinspiele)
Sabine Lechler (Tiere beobachten mit Hüten)
Moni Weiss (Waldmusikinstrumente bauen)
Irmtraud Lohs (Baumgesichter, Bilderbücher)
Frauke Hohberger (Samba für Kinder)

Mein Dank für Unterstützung und Inspiration gilt auch:

Astrid Hölzer, Barbara Henicz, Marion Köther, Udo Büsing, Arnold Becker und allen großen und kleinen Mitstreiterinnen und Mitstreitern im Projekt Kinderwald sowie Dieter Schernus und allen Eltern und Kindern vom Kinderwaldchor und den Erdenkindern. Ganz besonders danke ich Jule Ehlers-Juhle für die Illustrationen, Wolfgang Hoffmann vom Ökotopia-Verlag für das Lektorat und auch meiner Frau Christel Kindel für manche Formulierungshilfe und ihre Geduld.

Der Autor –
die Illustratorin

Texte und Musik:
Unmada Manfred Kindel ist freiberuflicher Liedermacher, Pädagoge und Projektinitiator vom Kinderwald. Der ehemalige Straßenmusikant und Umweltaktivist macht seit der Geburt seines mittlerweile erwachsenen Sohnes Musiktheater für Kinder und gibt Konzerte mit seinen Bands und Kinderchören. Der Chorleiter der ERDENKINDER und des Kinderwaldchors hat bisher 6 CDs produziert. Seine Erfahrungen gibt der Diplom-Pädagoge in Fortbildungen weiter.

Grafik:
Jule Ehlers-Juhle ist Malerin und illustriert vor allem Kinderbücher. Sie arbeitet mit Kindern und Erwachsenen in Kursen und Fortbildungen in ihrem eigenen Atelier oder für kommunale Träger.

Informationen über das Projekt Kinderwald Hannover erteilt das:

Projekt

KINDERWALD

Ein Beitrag zur lokalen Agenda 21 in Hannover

Kinderwaldbüro
c/o Freizeitheim Lister Turm
Waldersee Str. 100
30177 Hannover
Telefon (0511) 168 - 40948
Fax (0511) 168 - 45417
E-Mail: info@kinderwald.de
Internet: www.kinderwald.de

Informationen zur Agenda 21 unter: www.agenda21.de oder beim

Lokale Agenda 21
Hannover

Agenda-Büro
der Landeshauptstadt Hannover
Amt für Umweltschutz
Prinzenstr. 4
30159 Hannover
Telefon (0511) 168-45078
Telefax (0511) 168-43689
E-Mail: silvia.hesse.36@hannover-stadt.de

unmada
KINDERLIEDER

In Unmada Manfred Kindels Liedern und Programmen ist die Nähe zu Kindern deutlich zu spüren. Auf der Bühne gelingt es ihm immer wieder, Kinder und Erwachsene zu verzaubern und zum Mitsingen und Mitmachen zu bewegen. Als Käpt'n Uni Zoff nimmt er die **„Pipapo-Piraten"** mit auf große Fahrt. In **„Mal gucken was da los ist ?!"** geht es auf eine musikalische Bilderbuchreise rund um den Erdball. Große Happenings sind die **MitMachMusikFestivals**, die Unmada mit dem BEN GURI THEATER organisiert. Seine Erfahrung gibt der Diplom-Pädagoge in Fortbildungen weiter.

UNiKUM MUSIK ist das Label und der Selbstverlag des Autors. Die folgenden vier Musikproduktionen für Kinder sind hier zu bestellen:

MC/CD **Alles Banane**
Für Kinder von 3–10. Witzig und spritzig. 13 Titel (Alles Banane, Paula, 1,2,3 Kartoffelbrei, Ritterlied, u.a.) Dauer: 38 Min.
„Denn die Lieder treffen kindlichen Humor und sind absolute Ohrwürmer." (Zeitschrift Prinz)
Bestell Nr. MC 1001 / CD 1001
Preis: 20,00 DM / 25,00 DM

MC/CD **DIE BLAUE STUNDE**
Für Kinder von 4–12 und Erwachsene. 14 Titel (Wenn's das wirklich geben täten tüte, Die Flüsse, Shojoji, u.a.) Dauer: 46 Min.
„Ein herrliches, ungewohntes und frisches Miteinander von Musik, Tanz, Spiel, Komik und Traum." (Zeitschrift Spielen & Lernen)
Bestell Nr. MC 1002 / CD 1002
Preis: 20,00 DM / 25,00 DM

MC/CD **PIPAPO – PIRATEN**
Für Kinder von 3–12. Auf großer Fahrt mit vielen fröhlichen Liedern und spannenden Abenteuern. 13 Titel (Pipapo, Ja, wir sind die Ameisen, Heppo, Jeder ist anders, Wiwi Wipp, u.a.) Dauer: 50 Min.
„Für Leute mit Kindern bis 12 ist diese CD Pflicht." (Hannoversches Wochenblatt)
Bestell Nr. MC 1003 / CD 1003
Preis: 20,00 DM / 25,00 DM

MC/CD **ERDENKINDER**
Für Kinder von 5–14 und Erwachsene. Eine Produktion mit dem Kinderwaldchor und dem Musicalchor Vinnhorst mit Liedern für eine l(i)ebenswerte Zukunft. 13 Titel (Hallo, hallo!, Eibel, Erde ist mein Körper, Traumfänger, Rundherum, u.a.) Dauer: 46 Min.
Bestell Nr. MC 1004 / CD 1004
Preis: 20,00 DM / 28,00 DM

LIEDERHEFT
Noten, Texte, Spielideen mit Liedern aller vier Produktionen, 55 Seiten DIN A4, 12,00 DM

Außerdem erhältlich:
Das Kinderbuch zur Agenda 21:
U. M. Kindel / J. Ehlers-Juhle (Illustrationen): **DIE MONSTERJÄGER** – Kinderbuch und Dokumentation des Musicals: Die 5 Dämonen, Hrsg. Landeshauptstadt Hannover, 64 Seiten, 4-farbig, 19,80 DM

Unmada Manfred Kindel arbeitet in der Autorenvereinigung: *kindermusik.de* mit. Der **Sampler „Bewegte Lieder"** mit Bewegungsliedern von 9 Kinderliederautoren ist wie das dazugehörige Anleitungsbuch bei UNiKUM MUSIK jeweils zum Preis von 24,80 DM erhältlich.

Alle Preise inkl. 16% MWST, bei Versand zzgl. Versandkostenpauschale von 5,00 DM.

Kontakt und Information:
UNiKUM MUSIK
Ostwender Straße 10
D 30161 Hannover
Tel.: (0511) 311651
Fax: (0511) 311688
E-Mail: unmada@t-online.de
Internet: www.unmada.de

...UND DAZU DER TONTRÄGER VON UNMADA MANFRED KINDEL und ERDENKINDER KINDERWALDCHOR

Wunderwasser

Starke Lieder und Tänze aus dem Kinderwald

Der Kinderwaldchor und die ERDENKINDER singen vom Wald, von Zwergen und Geburtstagskindern, Lieder von Indianern, Druiden und australischen Ureinwohnern. Die Melodien und Rhythmen fordern auf zum Tanz, aber auch zum Träumen und Innehalten. Mal trösten sie leise, mal demonstrieren sie lautstark für den Frieden, für die Erde und für die Rechte der Kinder.

Die reichhaltige Musik wurde von der Musikgruppe Mabon und befreundeten Musikern mit Bambusflöten, Quena, Tinwhistles, Klarinette, Saxofon, Harfe, Violine, Bratsche, Akkordeon, Gitarre, Cello, Bass und Schlagzeug eingespielt. Die geheimnisvollen Klänge eines Didgeridoos und das Perkussionsfeuerwerk einer kompletten Samba-Formation bereichern die Produktion.
Eine Stunde Musik von und mit Kindern voll Power, Stille, Lust und Lebensfreude für Kinder ab 4 und Erwachsene.

Der Liedermacher macht Musiktheater für Kinder und gibt Konzerte mit seinen Bands und Kinderchören. Er tritt auf in Kindergärten, Schulen, kulturellen Einrichtungen, auf Festivals und Kinderfesten. Seine langjährigen Erfahrungen gibt der Diplom-Pädagoge in Fortbildungen weiter.

Kontakt:
UNiKUM MUSIK,
Unmada Manfred Kindel
Ostwender Str. 10,
30161 Hannover
Tel. (0511) 311651,
Fax (0511) 311688
E-Mail: unmada@t-online.de, Internet: www.unmada.de

ISBN (CD): 3-931902-66-8

Ökotopia Verlag und Versand

Seit über 15 Jahren

Der Fachversand und Verlag für umwelt- und spielpädagogische Materialien

Tanz • Bewegung • Musik
Sexualität • Kreativität
• Kooperation etc.

Bestellen Sie gleich oder fordern Sie unseren kostenlosen Versandkatalog an!

Ökotopia
Hafenweg 26
D-48155 Münster

E-Mail:
info@oekotopia-verlag.de
Homepage:
www.oekotopia-verlag.de

Aufklappen – sehen – sprechen – spielen
SpielBildBücher • Wahrnehmungs- und Sprachförderung

Hokuspokus auf dem Zauberberg
...gehext, gezwergt, gespenstert!

Die Geister sind los! Auf dem Zauberberg tummeln sich nach Lust und Laune Magier, Hexen, Gnome und Elfen, Zwerge und Riesen. Berg und Burg bersten vor Leben, wie wir es uns nie vorgestellt hätten.
Der beiliegende Textband bereitet die Szene mit all ihren Details auf. Hier werden Fragen zum Bild gestellt, wird zur Beschäftigung mit Mensch und Tier, mit Farben und Formen, zur spielerischen Schulung der Wahrnehmung angeregt.

Die neue Form der spielerischen Förderung für den Kindergarten genauso wie für die Familie.
Ab 4 J.

ISBN
3-931902-55-2

Stark, wild, kühn und frei
Auf dem Piratenschiff

Ein neues Konzept auf dem Kinderbuchmarkt: Ein Riesenwimmelbild aus stabiler Pappe und ein begleitender, ausführlicher Textband mit einer Fülle von Spielideen!

Auf dem Piratenschiff werden die Segel gehisst und das Deck geschrubbt. Es wird aber auch in Saus und Braus gefeiert! Spannend wird es, wenn ein fremdes Schiff in Sicht ist.
Fantasievolle Sprach- und Bewegungsspiele, Rätsel, Reime und Lieder sorgen für jede Menge Abwechslung. Mit diesem Spiel-Bild-Buch segeln Kinder durch die Piratenwelt und werden zugleich spielerisch gefördert. Volle Fahrt voraus ins Piratenabenteuer!
Ab 4 J.

ISBN:
3-931902-54-4

Kostenlosen Versandkatalog anfordern — Ökotopia Verlag und Versand

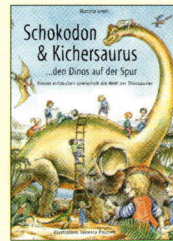

G. + F. Baumann
Mit Mammut nach Neandertal
Kinder spielen Steinzeit
ISBN: 3-925169-81-4

Martina Kroth
Schokodon & Kichersaurus
Kinder entdecken spielerisch die Welt der Dinosaurier
ISBN: 3-931902-73-0

H.E. Höfele - S. Steffe
Der wilde Wilde Westen
Kinder spielen Abenteurer und Pioniere
ISBN (Buch): 3-931902-35-8
ISBN (CD): 3-931902-36-6

Kinder spielen Geschichte

Im KIGA, Hort, Grundschule, Orientierungsstufe, offene Kindergruppen, bei Festen und Spielnachmittagen

Die erfolgreiche Reihe aus dem Ökotopia Verlag

B. Schön
Wild und verwegen übers Meer
Kinder spielen Seefahrer und Piraten
ISBN (Buch): 3-931902-05-6
ISBN (CD): 3-931902-08-0

Hoffmann - Pieper
Das große Spectaculum
Kinder spielen Mittelalter
ISBN: 3-925169-78-4

Floerke + Schön
Markt, Musik und Mummenschanz
Stadtleben im Mittelalter

Das Mitmach-Buch zum Tanzen, Singen, Spielen, Schmökern, Basteln & Kochen

ISBN (Buch): 3-931902-43-9
ISBN (CD): 3-931902-44-7

Kinder erforschen die Welt

Sabine Hirler
Hämmern, Tippen, Feuerlöschen
Mit-Spiel-Aktionen, Geschichten, Lieder und Tänze rund um die Berufswelt
ISBN (Buch): 3-931902-69-2
ISBN (CD): 3-931902-70-6

M. Kalff + B. Laux
Sonne, Mond und Sternenkinder
Mit der Mondmaus in Spielen, liedern und Geschichten die Phänomene des Himmels erforschen
ISBN (Buch): 3-931902-71-4
ISBN (CD): 3-931902-72-2

A. Neumann u.a.
Waldfühlungen
Das ganze Jahr den Wald erleben – Naturführungen, Aktivitäten und Geschichtenfibel
ISBN: 3-931902-42-0

Kathrin Sandhoff u.a.
Mit Kindern in den Wald
Wald-Erlebnis-Handbuch
Planung, Organisation und Gestaltung
ISBN: 3-931902-25-0

C. + R. Seeger
Naturnahe Spiel- und Begegnungsräume
Handbuch für Planung und Gestaltung
ISBN: 3-931902-75-7

H. Bücken + H. Baum
Kiesel-Schotter-Hinkelstein
Geschichten und Spiele rund um Steine
ISBN: 3-925169-77-6

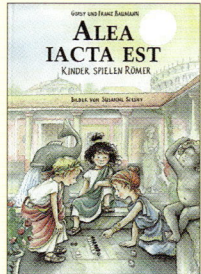
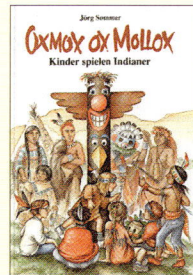

G. + F. Baumann
Alea iacta est
Kinder spielen Römer
ISBN: 3-9321902-24-2

J. Sommer
Oxmox ox Mollox
Kinder spielen Indianer
ISBN: 3-925169-43-1

P. Heilmann + I. Hoffmann
MEK MESU KEMET
Kinder spielen das alte Ägypten
ISBN (Buch): 3-931902-49-8

Im KIGA, Hort, Grundschule, Orientierungsstufe, offene Kindergruppen, bei Festen und Spielnachmittagen
Auf den Spuren fremder Kulturen
Die erfolgreiche Reihe aus dem Ökotopia Verlag

Miriam Schultze
Didgeridoo und Känguru
Eine spielerische Reise durch Australien
Buch + CD

ISBN (Buch): 3-931902-67-6
ISBN (CD): 3-931902-68-4

P. Budde + J. Kronfli
Fliegende Feder
Indianische Kultur in Spielen, Liedern, Tänzen und Geschichten
Buch + CD

Box incl. CD 3-931902-26-9
CD 3-931902-23-4
Indianerpuppe Avyleni 3-931902-27-7

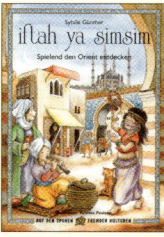

Sybille Günther
iftah ya simsim
Spielend den Orient entdecken
Buch + CD

ISBN (Buch): 3-931902-46-3
ISBN (CD): 3-931902-47-1

H.E. Höfele, S. Steffe
In 80 Tönen um die Welt
Eine musikalisch-multikulturelle Erlebnisreise für Kinder mit Liedern, Tänzen, Spielen, Basteleien und Geschichten
Buch + CD

ISBN (Buch): 3-931902-61-7
ISBN (CD): 3-931902-62-5

Gudrun Schreiber, Chen Xuan
Zhongguo ...ab durch die Mitte
Spielend China entdecken

ISBN: 3-931902-39-0

D. Both, B. Bingel
Was glaubst du denn?
Eine spielerische Erlebnisreise für Kinder durch die Welt der Religionen

ISBN: 3-931902-57-9

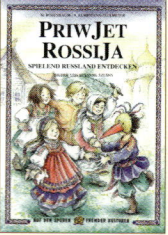

M. Rosenbaum - A. Lührmann-Sellmeyer
PRIWJET ROSSIJA
Spielend Rußland entdecken

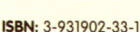
ISBN: 3-931902-33-1

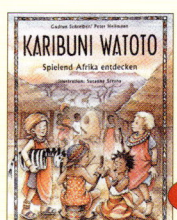

G. Schreiber - P. Heilmann
Karibuni Watoto
Spielend Afrika entdecken
Buch + CD

ISBN (Buch): 3-931902-11-0
ISBN (CD): 3-931902-12-9

Miriam Schultze
Sag mir wo der Pfeffer wächst
Spielend fremde Völker entdecken

Eine ethnologische Erlebnisreise für Kinder

ISBN: 3-931902-15-3